새벽을 깨우는 여자들

절대 무너지지 않는
성공의 디딤돌

지은이들

안선민 원효정 서미숙 김민혜 유현주 남윤희 황선영 정혜정

새벽을 깨우는 여자들

women who wake up in the morning

절대 무너지지 않는
성공의 디딤돌

원효정 외7명 지음

도서출판 더 로드
The Road Books

"당신에게 새벽을 선물합니다"

덥석 잡아주고 싶었습니다. 삶에 지쳐 주저앉아 울고만 있던 '예전의 나'의 손을.

방법이 없었습니다. 지나온 시간을 되돌릴 수는 없더라고요. 타임머신이 하늘에서 뚝 떨어지지 않는 이상은 어찌할 수가 없었습니다. 백설기 떡을 한입 가득 베어 문 것 같았습니다.

블로그에 글을 쓰기 시작했습니다. 요리하는 방법 몇 가지가 포스팅 전부였습니다. 글쓰기 버튼이 어디에 붙어있는 줄도 몰랐습니다. 당연히 어떤 글을 써야 할 것인지 정해 두지도 않았습니다. 막상 글을 쓰러 해도 딱히 쓸 말이 없었습니다. 지금 내가 하고 있는 일에 대해 써 보기로 했습니다.

일어난 시간, 읽었던 책, 새벽에 썼던 감사 일기, 책을 읽으며 함께 적어 내려간 필사 노트 등 사진을 찍고 글을 썼습니다. 대신 숙제처럼 인증하듯 글을 쓰지는 않았습니다. 생각과 이유를 담았습니다. 글을 쓰기 시작하니 다시 '예전의 내 모습'이 보였습니다. 그때의 나에게 지금의 내가 하고 싶은 말을 전하기 시작했어요.

아들 셋을 둔 일하는 엄마가 새벽 3시에 일어나는 이유를 함께 썼습니다. 책을 읽으면서 품게 된 생각을 함께 적었습니다. 지쳐 쓰러지지 말라고, 주저앉아 울고만 있지 말라고 쓰기 시작했습니다. 예전의 나는 여전히 지금의 내 글을 보지 못합니다. 신기하게도 예전의 나와 비슷한 사람들이 내 글을 보기 시작하더라고요. 한편으론 이기적이란 생각도 들었습니다. 예전의 나에게 돌아가지 못하니 예전의 나에게 글을 쓰기 시작한 것 말이에요.

시작점은 '나'였지만 지금은 '우리'가 되었습니다. 예전의 나와 같은 사람들이 내 곁으로 오기 시작했습니다. 나의 글을 읽고 공감히기 시작했고, 소통하게 되었습니다. 나에게 온 이들을 '내 사람'이라고 부르기 시작했습니다. 곁을 주려 하지 않던 내가 이제는 잘 오셨다며 버선발로 다가가고 있습니다. 이제는 잡기 힘든 '예전의 나'의 손을 대신해 지금 잡을 수 있는 '예전의 나와 같은 사람'의 손을 잡기 시작한 겁니다.

"더는 이렇게 살고 싶지 않은데 용기가 나질 않아요."
어느 날 눈에 들어온 댓글 한 줄, 그분의 손을 덥석 잡았습니다. 함께하자고 말이에요. '새벽 기상'을 통해 삶의 방향을 잡을 수 있었습니다. 막연히 떠오르기만 했던 가슴 뛰는 삶이 무엇인지도 눈에 보이기 시작했습니다. 나만 알고 있기엔 아깝다는 생각이 들었습니다. 혼자 하기 힘든 일도 같이 하니 해낼 수 있었습니다.
'새벽마음정원.'
'새마정'은 그렇게 시작했습니다.

"세상에! 아침 일찍 일어나는 게 뭐라고 돈을 받아요?"
'새마정'을 운영한 지 얼마 되지 않았을 때 들린 제부의 한마디에 오기가 생겼습니다. 단순히 아침 일찍 일어나기만 하는 모임으로 만들고 싶지는 않았던 거죠. 예전의 나와 같은 사람들이 성장하길 바라는 마음이 제일 컸기 때문이었습니다. 시작점이 '예전의 나'였으니까요.

아침 인사를 남기는 것에만 그치지 않았습니다. 매주 과제를 내고 후기를 작성하면서 자신의 시간을 돌아볼 수 있도록 만들었습니다. 출석 체크도 스스로 하게 했습니다. 그래야 자신의 매일을 한번이라도 더 들여다볼 수 있기 때문이지요. 독서 모임도 함께 했습니다. 새벽에 책을 읽게 되니 책에 관한 이야기를 나누는 것도 마냥 좋았습니다.

"저 사람이 하니까 나도 해보고 싶어졌어!"
"왠지 '새벽 기상' 하면 그냥 좋을 것 같아."
"새벽에 일어나면 성공한다니까."
"내 시간을 나도 갖고 싶어."

처음에는 가벼운 마음일 수 있습니다. '새벽 기상'을 통해 무언가를 해보겠다고 주먹 불끈 쥐고 온 사람보다 한번 해볼까 하는 마음으로 온 사람들이 더 많았거든요. 매일 새벽을 함께 보내고 매주 과제를 하면서 '생각'이란 것을 하게 되었습니다. 내 생각과 타인의 생각이 함께 눈에 들어옵니다. 생각의 깊이가 달라집니다. 매주 후기를 작성하면서 시간을 돌아봅니다. 잘한 점과 개선할 점이 보이기 시작합니다. 당연히 어제보다 오늘이 나아질 수밖에 없습니다. 단순히 새벽에 좀 일찍 일어나볼까 하는 마음으로 온 사람들이 이제는 성장하고 싶다는 강한 욕구를 품게 되었습니다. 목표가 생깁니다. 흐릿한 목표를 뚜렷하게 잡고 싶어집니다. 선명한 목표를 두니 성과를 내고 싶어집니다. 그들의 삶이 한 걸음씩 앞으로 나아가게 됩니다.

오랜 기간 함께한 사람들이 성장했습니다. 이들의 처음도 다른 사람들과 다르지 않았습니다. 저 역시 그러했습니다. 새벽은 또 다른 삶을 선물해 주었습니다. 새벽은 생각할 시간을 나에게 선물해 주었습니다. 새벽 시간을 내 것으로 만드는 방법이 있는 줄 몰랐을 뿐입니다. 그동안 '나'에 대해 이렇게 깊이 고민하고 생각한 적이 없었을 뿐입니다. 내 삶에 대해 생각하고 고민하니 내가 보였습니다. 시선의 끝을 다른 사람이 아닌 '나'에게로 두니 어느덧 '내 삶'이 보인 겁니다. 혼자서 두껍게 벽을 둘러치고 그 안에 주저앉아 울고만 있던 '예전의 나'는 절대 보지 못했을 '내 삶'.
생각을 통해 벽에 틈이 생기고, 그 틈을 비집고 성장이 들어오니 두꺼운 벽은 쉽게 허물어졌습니다. 안전지대를 벗어나니 함께하는 사람들이 보였습니다. 함께하는 사람들 덕분에 이제는 전과 다른 삶을 살고 있습니다. 잊었던 꿈도 다시 떠올랐습니다. 한 계단 한 계단 성장하는 삶은 꿈을 목표로 옮겨올 수 있게 해주었습니다.

오늘도 어김없이 새벽을 깨웁니다.
"굿모닝!"

새벽마음정원 리더 **원효정**

"당신도 새벽이라는 멋진 시간을 만나 가슴 뛰는 삶을 살게 되기를 바랍니다"

저는 아직 큰 성공을 하지는 못했지만 일을 하지 않아도 먹고 살 정도의 경제적 자유는 이뤘습니다. 그리고 많은 사람들을 가르치고 있습니다. 이 정도면 작은 성공은 했다 할 것입니다. 누군가 저에게 성공의 비결을 한 가지만 꼽아보라고 한다면 저는 주저하지 않고 '새벽 기상'이라고 말할 것입니다. 제가 직장을 나와 일찍 자리를 잡을 수 있었던 것도, 척박한 투자 시장에서 성공적인 투자를 이어온 것도 그 기반에는 모두 '새벽 기상'이라는 습관이 자리하고 있었습니다.

이 책은 스스로의 힘으로 삶을 개척해 나가고 있는 8명의 멋진 이야기입니다. 그들 역시 잠들어 있던 인생의 새벽을 흔들어 깨움으로써 새로운 삶의 물꼬를 트고 있는 분들이죠. 이들에게 있어 새벽이라는 시간은 외통수에 갇혀 옴짝달싹하지 못하던 곤마를 한 방에 탈출시켜 준 묘수와도 같았습니다. 이들은 '새벽마음정원'이라는 커뮤니티에서 만났습니다. 새벽에 일어나 책을 읽고 글을 쓰고 자신의 삶을 돌아봄으로써 잃었던 본래의 모습과 자신감을 되찾았습니다. 내가 진정으로 원하는 것이 무엇인지를 알게 되고 가슴 뛰는 목표를 갖게 되었습니다.

매일 똑같이 반복되는 편안한 삶 대신 새벽부터 시작하는 치열한 삶을 선택한 유현주님. 새벽이라는 시간을 만나면서부터 더 괜찮은 나로, 더 괜찮은 엄마로 살아가고 있는 황선영님. 새벽 4시에 일어나면서부터 일상의 행복이 무엇인지를 알게 된 안선민님. '새벽 기상'과 함께 승리하는 인생을 시작할 수 있게 된 세 아이 워킹 맘 김민혜님. 새벽 3시에 일어나 많은 사람들과 함께 '새벽마음정원'을 꾸며가고 있는 원효정님. 새벽 시간에 오롯이 내 인생의 주인공으로 살아가고 있는 정혜정님. '새벽 기상'과 함께 50대에 시작해도 멋진 부자가 될 수 있다는 것을 증명하고 있는 서미숙님. 새벽마다 그림을 그리고 글을 쓰며 점점 꿈에 다가가고 있는 남윤희님. 이들은 모두 새벽과 함께 삶을 바꿔가고 있는 새벽 예찬론자들입니다.

열심히 사는데도 좀처럼 삶이 바뀌지 않는다면, 늘 자신과의 약속을 지키지 못하고 쉽게 무너지는 사람이라면 한번쯤 '새벽 기상'에 도전해 보라고 말하고 싶습니다. 밤에 익숙한 삶에서 는 느껴보지 못한 놀라운 세상을 만나게 될 것입니다. 이 책의 저자들이 그러했던 것처럼 당신도 새벽이라는 멋진 시간을 만 나 가슴 뛰는 삶을 살게 되기를 바랍니다.

청울림(유대열)
다꿈스쿨 대표, 《나는 오늘도 경제적 자유를 꿈꾼다》저자

단순히 새벽에
좀 일찍 일어나볼까 하는
마음으로 온 사람들이
이제는 성장하고 싶다는
강한 욕구를
품게 되었습니다.

목표가 생깁니다.

Contents
차례

<제3장> : 변화, 나는 이렇게 성장했다

〈제1장〉

나에게
새벽은
어떤
의미인가

치열한 삶을 선택하다

유현주

 **괜찮다는 말은** 마약이었다.

엄마 아빠는 돈 때문에 하루가 멀다고 싸웠다. 하루빨리 집을 벗어나고 싶다는 마음이 점점 더해졌다. 남자친구한테 매일 결혼하자고 졸랐다.

결혼만 하면 꽃길을 걸을 줄 알았다. 작지만 내 집이 생겼고, 내 방이 생겼다는 것만으로도 세상을 다 가진 기분이었다. 부엌일은 서툴고, 저녁 한 끼 차리면 부엌이 난장판이 되었지만, 그 시간도 좋았다. 혼자 있는 시간도 즐겁고, 남편과 함께하는 시간도 즐겁고, 그냥 모든 것이 좋았다.

임신한 채로 계속 직장을 다녔다. 먼 거리 출퇴근, 과도한 업무량으로 스트레스를 받아 하혈했다. 안정기까지 병원 생활을 하게 되었고, 임신기간 내내 아이가 건강하게만 태어나게 해달라고 기도했다. 아이가 태어나고 모든 것이 달라졌다. 밤낮이 바뀐 아이는 밤만 되면 울었고, 나는 전전긍긍하며 매일 밤 같이 울었다. 남편은 짜증만 낼 뿐 도와주지 않았다. 육아서는 사놓고 미처 읽지 못해서 답을 찾지 못한 나는 아이가 무서웠다. 100일 동안 매일 아기와 같이 울다가 지쳐 잠들었다. '백일의 기적' 이라는 말을 들었는데, 진짜 100일이 지나고 나니 아이는 낮에 잘 놀고, 밤에 잠도 잘 자고 해서 모처럼 우리 집에 평화가 찾아왔다.

책 육아를 하려고 집을 온통 책으로 채웠다. 장난감도 가득 쌓이는 등 모든 생활은 아이에게 맞춰졌다. 유치원에 다니면서 학원 생활이 시작되었다. 아이에게 공부를 강요했다. 초등학교에 입학한 후 매일 문제집을 풀고, 여러 학원에 다니고, 잠들기 전 꼭 책을 읽게 했다. 운동에 소질이 있던 아이에게 축구를 시켜보자는 제의가 들어왔다.

"선생님 우리 아이는 소질이 없어요!"

아이는 너무 하고 싶어 했지만 돈이 없어서 시켜줄 여력이 안 되었다. 아이의 의견은 물어볼 생각도 하지 않았다. 초등학교 3학년 무렵 배드민턴 클럽에서 운동을 했다. 1년 넘게 지켜보던 코치 선생님께서 정식으로 가르쳐보고 싶다고 하셨다.

"선생님, 우리 아이는 소질이 없어요!"

아이는 눈물을 뚝뚝 흘리면서 하고 싶다고 떼를 썼지만 시키지 않았다. 운동은 1등 아니면 안 된다는 선입견이 많았다. 아이의 생각은 필요 없었다. 운동은 접어두고 공부만 잘하여 성공하길 바랐다. 저녁마다 아이에게 공부를 강요했고, 결과가 좋지 않으면 아이를 혼내기도 했다. 6학년 때부터 아이는 학원에 다니기 싫다고 했다. 저녁마다 큰소리가 문밖까지 들렸고, 아이는 매일 눈물 바람이었다.

"진짜 그만 좀 해라. 이게 뭐 하는 짓이고."

남편이 한마디 했다.

회사 구조조정으로 더 많은 일을 맡게 되었다. 과중한 업무와 사람들과의 마찰로 아침마다 출근하는 게 곤욕이었다. 일에 집중이 되지 않았고 매일 실수 연발이었다.

금요일 저녁이었다. 남편은 아이와 영화를 보면서 맥주를 한 잔 마셨고, 나는 몸이 좋지 않아서 방으로 들어갔다. 잠도 오지 않고 속이 울렁거렸다. 조금씩 아프던 머리가 급기야 극심한 두통으로 진행되었다. 머리가 깨질 것 같았다. 허둥대다 119를 부를 생각은 하지 못하고 콜택시를 불러 응급실에 달려갔다. 택시 기사님도 상황을 파악하고 급한 마음에서인지 신호위반을 하다가 큰 사고를 일으킬 뻔했다.

"아저씨, 천천히 가세요. 이러다 사고 나서 우리 다 죽겠어요."

아이는 겁에 질려 있었다.

의사 선생님께서 스트레스성 두통이라고 하셨다. 두통 때문에 삶의 질이 떨어지는 사람들이 많으니까 관리를 잘하라고 하셨다. 병원에서 하룻밤 자고 나왔는데, 그냥 멍하니 아무 생각이 나지 않고 눈물만 났다. 화장실에 가서 거울을 보는데 낯선 여자가 한 명 서 있는 것이었다. 죽 한 그릇도 못 먹은 듯했다. 손가락으로 밀면 뚝 하고 넘어질 것만 같았다.

매일 "괜찮다! 괜찮다!" 말했다. 다른 사람들도 다 이렇게 산다고 위로했지만 내 마음은 전혀 나아지지 않았다. 돈이 없어서 아이가 원하는 운동도 시켜주지 못하고 공부만 강요했다. 일하지 않으면 생활에 지장이 있어서 직장도 그만둘 수 없었다. 화가 닐 때마다 음식을 목구멍에 찰 때까지 먹어대고, 필요하지도 않은 물건을 사면서 하루를 보냈다. 시간만 나면 휴대폰을 쳐다보며 시간 죽이기 일쑤였고, 주말만 되면 소파에 누워서

꼼짝도 하지 않았다. 스트레스를 풀고 피로를 푸는 유일한 방법이라 생각했지만, 스트레스는 점점 더 쌓였다. 매일 잠만 자고 싶었다. 점점 의욕이 없었다.

"내가 도와줄 테니까 운동을 하던지, 책을 보던지 하고 싶은 거 다 해라. 이러다가 일 나겠다!"

남편이 한마디 했다.

더 이상 이렇게 사는 건 아니다 싶었다. 돈 걱정 없이 살고 싶었다. 즐겁게 살고 싶었다.

부자가 되고 싶었다. 시간만 나면 부자, 자기 계발 키워드를 검색했다. 검색할 때마다 자기 계발하는 주부들, 직장인들이 많았다. 성공하신 분 중 많은 분이 '새벽 기상'과 독서를 하고 있었다. 바빠서 책 읽을 시간이 없다고 했다. 핑계였다. 자정이 되어서 잠들고, 아침 7시에 겨우 일어나 허겁지겁 아이를 챙겨 학교에 보내고 출근하기 바빴다. 남편은 챙길 겨를도 없었다. 전형적인 저녁형 인간이었지만 더 이상 이렇게 살고 싶지 않았다. '새벽 기상'과 독서를 하고, 책이 시키는 대로 하면 내 삶이 어떻게 변하게 될지 궁금해졌다. 확인하고 싶었다.

호기롭게 '새벽 기상'에 도전했다. 아침마다 고역이었다. 이게 뭐 하는 짓인가 싶었다. 포기하고 싶었다. 혼자 힘으로는 도저히 불가능할 것 같아서 '모임'에 참여하기로 했다. '새마정', '새벽 기상' 하는 사람들이 모인 곳이다. 새벽 5시에 일어났다. 허리가 끊어질 것 같았다. 이불을 개고 거실로 걸어 나가는 발걸음이 천근만근이었다. 세수를 하고 커피를 마셔도 잠이 깨질 않았다. 오전 11시쯤 되면 나도 모르게 꾸벅꾸벅 졸고 있었다. 점심 먹고 책이라도 좀 읽어야겠다 싶었지만 두 페이지만 읽으면 저절로 눈꺼풀이 내려왔다.

"때려치우자. 이게 뭐 하는 짓이야 정말!"

하지만 이대로 포기할 수 없었다. 나 자신에게 한번 더 기회를 주고 싶었다.

'우울증인가?' 할 정도로 매일이 힘들었다. '새벽 기상' 할 때마다 내 자신에게 잘한다고 칭찬했다. 다른 누구도 아닌 내가 내 편이 되어 주려고 노력했다. 나의 단점보다 장점에 집중했다. 나쁜 습관들을 버리고 좋은 습관들로 채워 나가려 책을 읽으며 책이 시키는 대로 했다. 퇴근한 후 가속들과 저녁 시간을 보내고 돌아서면 밤 9시가 훌쩍 넘는다. TV와 핸드폰의 유혹을 떨쳐내고 침대에 누우며 하루를 마무리한다. 친구들이 만날 때마다 얼굴이 좋아졌다고 한다. 새벽 2~3시간 동안 하고 싶은 걸 하면서 시간을 쓰니 결과물이 나올 때마다 자신감이 높아지고, 하고 싶은 일들이 많아진다. 여름, 겨울 할 것 없이 알람 소리는 반갑지 않다. "1분만! 1분만!" 하는 마음이 들지만, 나와의 약속이라 알람을 끄고 일어난다. 스스로 선택한 치열한 삶이다. 내게도 그런 희열과 보람을 느낄 자격이 있다고 믿는다.

나는 '엄마'로 살기로 결심했다

황선영

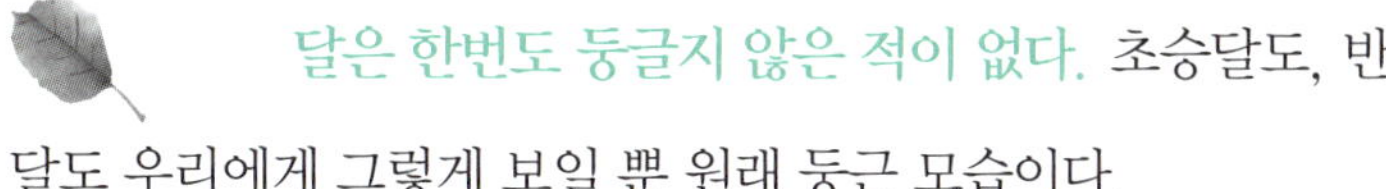 **달은 한번도 둥글지 않은 적이 없다.** 초승달도, 반달도 우리에게 그렇게 보일 뿐 원래 둥근 모습이다.

결혼 전에 엄마가 되면 나를 내려놓아야 한다는 말을 많이 들었다. 무슨 뜻인지 그때는 잘 알지 못했다. 반달임에도 달이 둥글다고 하는 것처럼.

나는 '하고재비'다. 이것저것 하고 싶은 게 많았다. 작은 시골에서 태어나 점점 큰 도시로 나가 학교에 다녔으니, 미처 알지 못했던 세상을 더 알게 돼서일지도 모른다. '좁은 취업 문'이라는 말이 뉴스를 장식하던 시절이었지만, 감사하게도 대학 졸업 후 바로 취업했다. 부모님께 받던 용돈보다 훨씬 단위가 커진 월급 덕분에 하고 싶은 건 다 했다. 첫 직장에서 만난 동기들과 태어나 처음 해외여행을 갔다. 뉴질랜드의 하늘과 초원은 끝이 없었다. 그리고 TV나 잡지에서만 보던 시드니의 오페라하우스를 바로 눈앞에서 보니, 우물 안 개구리가 세상 밖으로 나온 기분이었다. 첫 해외여행은 내 삶의 스펙트럼을 넓혀 주었다. 더 크게 성공하고 싶었고 더 많은 것을 하고 싶었다. 그래서 열심히 배우고 가꾸고 이루어 나갔다. 현실에 만족하지 못하고 늘 더 높은 곳으로 가고 싶어서 공부도 게을리하지 않았다. 그렇게 나를 채우는 데 집중하다 보니 결혼이 늦어졌다.

우리 엄마는 항상 새벽에 일어나셨다. 한번도 아침 늦게까지 주무시거나 낮잠 주무시는 걸 본 적이 없었다. 따뜻한 아침밥을 지으시는 뒷모습이, 내가 엄마가 된 지금도 생생하다. 엄마가 되면 누구나 그런 줄 알았다. 엄마를 존경하지만, 우리 엄마 같은 엄마는 되고 싶지 않았다. 나를 내려놓고 오직 자식들을 위해 사시는 헌신적인 엄마는 우리 엄마인 걸로 족했다.

마흔이 넘어 아이를 낳았다. 결혼 전에 많이 들었던, 나를 내려 놓는 엄마는 되지 않겠다고 다짐했다. 아이를 낳아 품에 안는 순간 쓸데없는 다짐이었음을 알았다. 내리사랑이라는 말을 조금씩 알아 가고, 눈에 넣어도 아프지 않다는 말을 알 것 같았다.

나와 남편을 반반씩 닮은 아이가 주는 그 신비로움과 행복을 무엇에 비할까? 아이의 행복을, 아이가 우리에게 주는 행복을 오래 지키고 싶었다. 목숨을 내어 줄 수 있는 사랑이라는 게 이런 거구나 싶었다.

'엄마'로 살기로 결심했다. 우리 엄마 같은 엄마가 되지 않겠다고 했지만, 결국 우리 엄마 같은 엄마가 되겠다고 다시 다짐했다. 내 아이도 엄마 같은 엄마가 되고 싶다고 말해 주는 그런 '엄마'가 되기로 했다. 나 하나만을 빛나게 하려고 애썼던 날들은 까맣게 잊었다. 회사에 있는 시간을 빼고는 아이에게 내 시간 전부를 내어 주었다. 친구들을 만난 게 언제였는지 기억나지 않는다. 그렇게 나는 없고 엄마만 있는 날들이 당연한 일상이 되었다. 헌신적인 엄마가 되어 가고 있다고 생각했다.

그날도 여느 때처럼 블로그에서 육아 정보를 찾던 중이었다. 우리 아이와 동갑내기 아이를 키우는 워킹 맘의 블로그였다. 아이를 안고 부동산 임장을 다니며 투자 공부를 하고, 새벽 3시에 일어나 책을 읽고 운동노 한나는 그녀의 글을 보며 적지 않은 충격을 받았다. 또래 아이를 키우는 워킹 맘, 같은 상황에서 한 엄마는 부지런히 투자와 자기 계발을 하면서 미래를 준비하고 있었고, 또 한 엄마는 현재에만 충실했다. 나와는 전혀 다른 세상을 살아가고 있는 사람들이었다. 그녀와 같은 일상을 사는 사람들이 많다는 사실에 뒤통수를 한 대 맞은 기분이었다. 아이들에게 자랑이 되는 엄마로 살고 있었다. 그들은 나를 내려놓은 엄마가 아닌 나를 찾은 엄마였다. 나의 성장이 곧 엄마의 성장이었다. 똑같이 엄마라는 이름으로 살지만 서로 다른 삶이었다. 워킹 맘이라서 나만의 시간이 없다는 건 핑계였다. 다시 '엄마'가 되기로 했다. 내가 없는 엄마가 아닌 나를 찾은 엄마가 되기로!

당장 서점으로 달려갔다. 책 속에 답이 있다는 걸 알기에 책부터 읽기 시작했다. 블로그에서 보았던 그녀처럼 새벽 3시를 깨우고 싶었지만, 무리였다. 처음에는 평소보다 딱 10분 일찍 일어나 이불 정리부터 시작했다. 10분에서 30분, 30분에서 1시간 더 일찍 자며 기상 시간을 조금씩 앞당겼다. 나의 새벽은 그렇게 엄마가 되겠다는 결심과 함께 시작되었다. 엄마의 수면 습관이 바뀌니 아이의 수면 습관도 바뀌었다. '엄마는 아이의 거울'이라 했다. 아이를 닦달하는 엄마가 아니라 아이에게 좋은 모습을 보여주면 그걸로 충분하다는 걸 알게 됐다. 더 많은 시간을 '엄마'로 살기로 했다.

새벽 5시에 일어난다. 책상 앞에 앉아 책을 펼친다. 30분쯤 책을 읽은 후 노트북을 켜고 강의를 듣는다. 블로그에 포스팅을 올리고 이제는 책도 쓴다. 새벽, 더 괜찮은 내가 되고, 그리고 엄마가 된다.

"엄마, 오늘도 새벽에 일어났어?"

뿌듯하다. 엄마가 되길 잘했다. 오늘도, 앞으로도 나는 엄마로 살 것이다. 힘들고 지칠 때가 없지 않겠지만, 그럼에도 '엄마인 나'는 변함이 없다. 달이 한번도 둥글지 않았던 적이 없던 것처럼.

매일 승리하는 인생

김민혜

버티는 삶을 살았다. 앞으로 나아가기는커녕 주어진 일들을 매일 걷어내기에도 버거운 삶이었다. 내가 18살 되던 해 우리 집은 망했고, 24살 때 부모님은 이혼했다. 과거의 경험들은 벼랑 끝으로 나를 몰아세웠다. 전부 남 탓이었다. 지금 내 모습조차 우리 집이 망한 탓이었고, 부모님이 이혼했기 때문이었다. 남을 탓하며 날려 보낸 비난의 화살은 결국 낮은 자존감, 불안함, 우울함이 되어 다시 돌아왔다. 반복되는 악순환 속에서, 나의 삶은 늘 제자리걸음이었다.

8살, 6살, 3살을 키우는 워킹 맘인 나는 주어진 일을 잘하고 싶었다. 직장에서 능력을 인정받고, 집에선 최고의 엄마가 되고 싶었다. 하지만 현실에서는 "죄송합니다."를 입에 달고 살았다. 자존감은 낮아질 대로 낮아져 있었다. 또한 과거의 경험에서 비롯된 생각과 행동의 습관은 여전히 삶을 불안하게 했다. 이렇게 살다가는 결국 모든 것을 놔버리는 최악의 상황에 직면할 것 같았다. '나를 위한 시간'이 절실했다. 하루를 살펴봤다. 눈뜨는 순간부터 자기 직전까지 혼자인 시간은 거의 없었다. 아이가 아프기라도 하면 밤새 간호하느라 자는 시간마저 반납해야 했다. 뭔가를 배우겠다고 학원에 다닐 수도 없는 노릇이었다. 혼자인 시간은 늦은 밤과 출퇴근 시간이 전부였다. 늦은 밤보다는 출퇴근 시간이 낫겠다 싶었다. 평소보다 10분 당겨서 아이들을 어린이집에 보냈다. 직장 근처 공터에 차를 세우고 15분 동안 책을 읽었다. 퇴근길에도 마찬가지였다. 퇴근 시간 10분 전에 일과를 정리하고 정시에 퇴근했다. 어린이집 근처에 차를 세우고, 15분 동안 책을 읽고 난 뒤 어린이집 벨을 눌렀다. 그때 처음 읽은 책이 이지성 작가의 《독서 천재가 된 홍 대리》였다. 이 책을 덮으면서 '과연 주인공처럼 나의 삶도 바뀔 수 있을까?' 하는 생각이 들었다. 책에서 말하는 '숨 쉬듯 책을 읽는다'가 의미하는 그것이 무엇인지 궁금했다. 책의 맨 뒤에 적힌 분야별 권장 도서 목록을 수첩에 적었다. 퇴근하면서 곧장 도서관으로 향했다. 그후 매일 도서관을 내 집 드나들 듯이 다녔다.

'새벽 기상'.

성공한 사람들의 책을 읽으면서 발견한 공통점이었다. 과거에 아침형 인간이 되려고 여러 차례 도전했지만 매번 실패한 경험이 있었다. 삶의 패턴을 유지한 채 일어나는 시간만 줄였으니 실패할 수밖에 없는 도전이었다. 그리고 스스로 아침형 인간의 성향이 아니라고 단정지었다. 이번에도 '안 되겠지?' 하며 별다른 기대 없이 새벽에 일어났다. 기상 시간을 평소보다 1시간 빠른 6시로 정했다. 당시 아이들을 재우고 다시 일어나는 습관이 있었다. 아무도 나를 찾지 않는 시간은 그때가 전부였다. '새벽 기상'을 위해 포기했다. 다음 날 지장 없을 정도의 집안일만 마무리하고, 밤 10시 전에 아이들 재우면서 같이 잤다. 다음 날 6시에 일어나니, 조금 졸리긴 했지만 그럭저럭 견딜 만했다. 하지만 변수는 다른 곳에 있었다. 잠 좀 깨고 책상에 앉으면 둘째가 일어나 나를 찾는 것이었다. 둘째를 다시 재우면서 나도 같이 잠들어 버렸다.

'안 되겠다' 싶었다. 그래서 5시 30분으로 기상 시간을 당겼다. 이번에도 어김없이 둘째의 기상 시간 또한 당겨졌다. 그렇게 계속 당겨진 시간이 자다가도 일어나 본 적 없는 시각 새벽 4시였다.

새벽 4시에 시작된 하루는 참 길었다. 온몸에 기운이 없고 종일 졸렸다. 다음 날 새벽에는 식탁에 엎드려 자기 일쑤였다. 남편은 편하게 누워서 자라고 했다. 남편의 말에도 불구하고 '새벽 기상'을 계속 이어간 것은 작은 변화를 조금씩 체감하고 있었기 때문이었다.

이기고 시작하는 하루는 여유가 있었다. '새벽 기상'을 하기 전, 아침 시간에는 항상 몸과 마음이 바빴다. 아이들에게 "빨리 빨리!"를 외치며 시간을 재촉하는 엄마였다. 어린이집 준비물을 까먹는 일은 예사였고, 중요한 업무 일정도 잊고 있다가 출근해서 부랴부랴 처리하기 바빴다. 하지만 '새벽 기상'을 한 뒤부터는 아침 시간이 여유로워 덜 재촉하게 되고 짜증도 줄었다. 특히 아이들에게 화내고 후회하는 일이 줄어서 좋았다. 독서를 통해 배운 것을 하나씩 실천하고, 자기 계발 프로그램에 참여하면서 '새벽 기상'은 어느덧 습관으로 정착됐다.

'새벽 기상'.

승리하는 인생의 시작이었다.

새벽 시간엔 주로 일기와 감사 일기, 그리고 글을 썼다. 일기와 감사 일기를 쓰면서 그동안 당연하다고 여겼던 것들에 대해 당연할 이유가 없다는 것을 깨달았다. 또한 매일 글을 쓴 덕분에 코끼리 발목에 채워진 족쇄처럼 평생 벗어날 수 없을 것만 같던 과거로부터 자유로워졌다. 숨기고 싶은 과거는 이제 한 편의 글을 위한 글감이 되었다. 삶을 대하는 태도가 바뀌자 나와 내 삶은 조금씩 편해지기 시작했다. 모든 걱정과 그것을 해결하는 방법은 이미 내 안에 있었다. 하지만 나는 그것을 찾으려는 노력을 하지 않았다. 과거에만 집착했고 변명으로 일관했으며, 움츠리고 있는 자신을 매섭게 다그치기만 했다. 내 삶은 내가 만드는 것임을 '새벽 기상'을 통해 깨달았다. 삶은 버티는 게 아니라 이끄는 것이었다.

'새벽 기상'은 '승리'였다. 인생에서 이겨본 적이 별로 없다. '승리'는 무기력하고 위태로웠던 나를 에너지가 가득한 곳으로 데려다줬다. 매일 '승리'하니, 나는 결국 승리하는 인생을 살게 됐다. 새로운 삶이다. 기쁘다. 행복하다. 이기고 시작하는 하루는 여유롭다. 불안하고 초조한 마음이 사라진다. 도전하고 부딪칠 용기가 생긴다. 실패해도 두렵지 않다. 다시 도전할 시간이 충분하다. 삶은 점점 내 손 안에 들어온다. 주도적인 삶의 의미가 새겨진다. '새벽 기상' 도전을 망설이고 있다면 과감하게 도전해 보길 바란다. 오늘도 새벽 4시에 일어나 글을 썼다. 창밖으로 동이 트는 모습을 바라보는 희열이란! 이 글을 읽는 분들도 꼭 한번 느껴 불 수 있기를 소망한다. 내가 해서 좋으니 권할 수밖에. 나 같은 사람도 도전했다. 된다. 됐다. 누구나 할 수 있다.

삶을 시작하는 종소리

안선민

벽이랑 애기하고 말지. 남편과 다퉜다. 속상하다. 우리는 언제쯤 서로 편하게 대화할 수 있을까. 남편이 내 바람대로 행동할 때 내가 존중받는다고 느꼈다. 남편이 어떻게 행동하고 말해야 하는지를 일일이 알려주었다. 마음이 움직여야 행동도 변하는 법, 내 맘처럼 변화는 쉽게 따라오지 않았다. 두고 보자. 내가 만만한 사람이 아니야. 나도 마음만 먹으면 성공할 수 있어. 남편이 나를 무시하지 못하도록 본때를 보여주고 싶었다. 어떻게 하면 눈에 띄는 성과를 보여줄 수 있을까? 도서관에 갔다. 책이라도 읽으면 알게 될까?

"새벽에 일어나면 돼."

사람들은 모두 똑같이 말했다. 다음 날부터 새벽 6시에 일어났다. 평소 큰아이 등원 시간에 맞춰 8시에 일어나던 걸 2시간 앞당겼다. 마음을 먹으니 별다른 어려움 없이 일어날 수 있었다. 달라진 모습을 꿈꿨다. 새벽에 일어나서 남편 보란 듯이 열심히 공부해야지. '성공' 하고 싶었다.

정확하게 일주일이었다. 작심삼일이라고, 기세 좋게 시작했던 '새벽 기상' 이 하루하루 힘겨웠다. 남편과 다투고 난 다음 날은 더 그랬다. 아예 일어나지 않았다. 어지러운 마음처럼 내 일상도 뒤죽박죽이었다. 열심히 읽던 책을 내려놓고 핸드폰만 붙잡았다. 처음에는 의미 없는 인터넷 검색으로 하루를 흘려보냈다. 며칠 지나니 검색할 것도 없었다. '내 마음 위로하는 방법' 을 찾다가 한 블로그를 우연히 방문하게 되었다. '내. 빛. 여. 행' 이라는 모임이었다. '내 마음을 다스리고, 진정한 나를 찾자' 라는 게 목적이었다. 내가 찾던 거다. 이걸 하면 나도 그렇게 될 수 있을 거야. 여러 가지 미션이 있었고, '새벽 기상' 도 그중 하나였다. 새벽에 일어나면 내 시간을 갖기에 충분하고, 나에게 집중하기에 최적이란다. 한 달을 하니 새벽에 일어나는 게 조금씩 익숙해졌다. 리더의 코칭 덕분에 힘들 때마다 스스로 마음을 다스리는 방법도 배웠다. 새벽에 일어나 조용하게 내가 하고 싶은 일을 한다는 게 매력적이었다.

프로젝트가 끝나니 일찍 일어나는 것도 들쑥날쑥해졌다. 마침 복직할 때가 다가왔다. 일과 육아를 동시에 하면 지금보다 더 바빠지겠지. 내 시간을 챙기고 싶었다. 그런 마음이 하늘에 닿았을까. 그때 '새마정'을 만났다. 새벽이라는 정원에서 자신을 찾아가는 사람들의 모임, 바로 이거라 생각했다. 멤버 대부분이 엄마라 공유할 부분도 많았다. 이걸 하면 바쁘고 힘든 일상도 잘 버텨낼 수 있겠지. '새벽 기상'은 나를 위한 거야. 계속해 보자.

행복한 삶을 꿈꿨다. 남편과 다툴 때마다 내가 원했던 행복이 눈앞에서 희미해졌다. 남은 행복이라도 지켜야겠다. 이를 악물고 싸웠다. 두 손으로 부여잡던 행복마저 멀리 도망갔다. 불행했다. 모든 것이 원망스러웠다. 내 마음 같지 않은 남편, 너무 활발해서 다루기 힘든 아이들, 바쁜 업무, 모든 게 싫어졌다. 나를 위해 시작했던 '새벽 기상'은 어디에도 없었다. 달라지지 않는 내 모습에도 지쳐갔다.

자주 가는 도서관 앞에 2층짜리 집이 있다. 커다란 돌로 쌓은 담이 웅장하다. 차곡차곡 벽돌을 쌓아서 집채가 제법 튼튼해 보인다. 집을 볼 때마다 나도 저런 집에 살고 싶다고 생각했다. 도서관에 갔다가 돌아오는 길이었다. 그날 바라본 집의 모습도 여전히 멋졌다. 내 삶도 저렇게 멋지게 만들고 싶다. 무엇을 하면 나도 멋진 삶을 살 수 있을까? 삶의 목표가 희미해져 갈 때였는데 다시 방법을 찾아보자고 생각했다.

엄마가 그네를 밀어줘야만 타던 작은 아이가 어느 날부터 혼자 그네를 탔다. 큰아이는 내 손길만 닿아도 까르르 웃었다. 아이들의 모습을 보니 가슴이 벅차올랐다. 그 찰나가 참 좋았다. 주름질 일도 없었다. 며칠 동안 계속 이어졌다. 그런 날들이 내게 '행복' 이라고 말하고 있었다. 남편에게 멈춰 있던 모든 신경이 움직였다. 제자리로 돌아왔다. 내 시선이 곁에 있는 크고 작은 모든 것에 머물렀다. 이거다! 별것 아닌 것 같은 '하루' 가 모여 '행복' 이라는 집을 만들고 있었다. 내게 주어진 소중한 하루하루를 온전히 만끽하자고 다짐했다.

새벽 4시에 일어났다. 어제는 어떤 일이 있었지? 어제도 혼자 그네를 타는 작은 아이, 동생을 그네에 앉히고 그 위에 서서 혼자 밀고 타는 큰아이, 두 아이가 각자 그네 한 쪽 줄을 잡고 신나게 '꽃게' 도 탔다. 흐뭇하다. 사랑스러운 아이들의 모습을 내 눈에 담는다. 마음에 저장한다. 오늘은 어떤 하루를 만들어 볼까? 다리를 마사지해 주며 아이들을 깨워야지. 일찍 등원하는 아이들에게 고맙다고 말해야겠다. 일도 잘 마무리하고 퇴근해야겠어. 아이들이 하원하면 힘껏 안아주면서 사랑한다고 말해 줘야지. 설거지가 끝나면 아이들과 뭐 하고 놀까, 잘 때는 그림책 읽기도 빼먹지 않을 거야. 물론 생각지도 못한 일이 생길 수도 있다. 하지만 나는 오늘 하루를 잘 보낼 거라고 믿는다. 어제를 돌아보고 오늘을 그리는 새벽, 그 안에서 행복을 찾는다. 새롭다. 삶이 달라지고 있다.

새벽에 일어난다고 해서 한순간에 모든 게 달라지지 않았다. 한두 번 늦잠도 잤다. 포기하지 않았다. 몇 시에 일어나든 단 10분이라도 내 시간을 가졌다. 일기 한 줄을 쓰거나 플래너만 적은 날도 있었다. 괜찮았다. 잠시라도 내 마음을 들여다볼 수 있으면 좋았다. 특별한 건 없어도 언제나 소중한 일상이었다. 그저 행복했다. 내 삶도 좋아졌다. 나는 어떤 새벽을 보냈지? 내 뜻대로 잘 보낸 새벽도 있고, 그렇지 않은 새벽도 있네. 괜찮아. 떠오르는 해를 멍하니 바라보고 있었어도, 바로 일어나지 못했어도 괜찮아. 기지개 한번 켜고 시작하면 돼. 오늘 하루 잘 보내자! 지금 이 순간, 내게 주어진 하루를 온전히 누리기를 다짐한다. 새벽은 새로운 나를 위한 하루의 시작이다. 오늘 하루가 새로운 내일을 만든다. 새로운 삶이 열린다.

내 인생을 주도하는 시간

원효정

남편은 벌써 출근했나 보다. 이럴 때는 중국집을 운영하는 남편을 둔 게 좋을 때도 있구나 싶다. 아침밥은 직원들과 먹을 테니 말이다. 한숨부터 나왔다. 누가 등에 강력접착제를 붙여둔 건가 싶었다. 내 몸이 내 마음같이 움직여주지 않았다. 시간은 어찌나 빨리 가는지 모르겠다. 조금만 더 있다가 일어나야지 하는 순간 잘 자던 아이가 갑자기 깬다.

"조금만 더 잘 것이지. 아휴!"

또 한번 한숨을 쉰다. 오늘도 우리 아이가 어린이집에 제일 늦게 등원했나 보다. 헤어지기 싫어 우는 아이를 던져 넣다시피 교실에 밀어 넣고 나온다.

"휴… 나는 맨날 왜 이럴까…"

첫째 아이를 어린이집에 보내야 했다. 친한 엄마들이 신중하게 어린이집을 고를 때 나는 딱 두 가지만 생각했다. 집에서 가까울 것, 그리고 등원 시간이 빠르지 않아도 괜찮을 것. 가게로 출근하는 동선과 시간을 내 위주로 맞췄다. 겨우 돌이 막 지났다. 엄마 젖을 더 좋아해서 이유식도 잘 안 먹었다. 어린이집에서 주는 점심도 안 먹을 게 뻔했다. 아침잠이 많은 나에게 딱 좋은 핑곗거리였다.

"늦어도 10시 30분 안에만 등원시키면 됩니다!"

그 자리에서 바로 입학원서를 썼다. 가장 중요한 말이었을 '늦어도'라는 단어는 쏙 빼고 듣고 싶은 말만 들은 탓일까. 아이의 등원 시간은 늘 10시 30분이었다.

둘째의 등원 시간도 자연스레 10시 30분이었다. 남편의 아침을 챙겨줄 필요도 없었다. 아이의 등원 시간도 그리 빠르지 않았다. 나로서는 하루를 일찍 시작할 이유가 없었다. 아이 재워놓고 놀던 시간이 좋았다. 아이 잘 때 같이 잤으면 좋으련만 대단한 자유시간이라도 되는 양 밤늦게까지 놀아야 직성이 풀렸다. 논다고 해봤자 인터넷 검색이나 휴대전화 게임이 전부었나. 어쩌다 아이와 같이 잠들어 버리면 다음 날 그렇게 아쉬울 수가 없었다. 셋째를 낳고 나서야 알았다. 우리 아이들은 늘 수업 중간에 들어가곤 했다는 것을.

세 아이의 엄마가 되면서 묘하게 불안해지기 시작했다. 생각 없이 되는대로 막살고 있는 것 같았다. 곧 마흔이다. 어영부영 마주하게 된 나이 마흔, 이대로는 안 된다. 지금까지 살아온 것처럼 앞으로도 한숨이나 쉬며 살아가기 싫었다. 억지로 마지못해 살아가는 하루하루를 깨고 싶었다. 그런 삶에서 벗어나고 싶었다.

'어떻게 하면 지금과는 다르게 살 수 있을까?'

어릴 적에는 꽤 하루하루가 즐거웠다. 내일을 두 손 모아 기다리던 때도 많았다. 소풍을 앞둔 날이면 유독 그날 밤이 길었다. 크리스마스 전날에는 빨리 다음 날이 왔으면 하는 마음에 초저녁부터 자려고 말똥말똥한 눈을 애써 감기도 했다. 운동회 날이 정해지면 다가올 그날을 두근거리는 심장과 함께 기다렸다.

"아, 나도 그때는 하고 싶은 게 참 많았는데…"

하루하루 나에게 주어진 것들을 쳐내기 바쁜 속에서 자연스럽게 하고 싶은 것을 잊었다. 꿈이라는 말로 대체된, 하고 싶은 것들은 '먹고 살기 바쁘다' 라는 이유로 관심 밖이 되어 버렸다. 묻어두고 있었을 뿐. 나이 마흔에 앞서 다시 떠올리게 된 꿈이라는 단어를 네이버에 검색해 본다. 연관 검색어가 그렇게 많은 단어는 처음 봤다. '연결'이라는 똑똑한 검색 알고리즘 덕분에 새로운 세상을 만났다. 이렇게 열심히 사는 사람들이 많을 줄 몰랐다. 꿈이라는 단어는 나를 《미라클모닝》, 3p 바인더, 다꿈스쿨로 연결해 주었다. 서른아홉, 다시 꿈을 만났다.

마냥 허상을 좇는 것 같기만 하던 꿈, 더 나아가 목표가 조금은 더 선명해졌다. '새벽 기상'은 새벽에 무조건 일찍 일어나야 하는 줄로만 알았다. 《미라클모닝》은 새벽에 해야 할 일을 꾸준히 해 보라고 했다. 3p 바인더라고 이름 부르는, 조금은 특별했던 다이어리는 단지 시간을 기록하는 것을 넘어 성과를 낼 수 있다고 했다. 다시 꿈을 꾸는 어른들의 학교라는 뜻의 다꿈스쿨은 내 삶을 내 손으로 만들어 갈 수 있다고 했다.

지금껏 살아온 삶과 다르게 살고 싶었다. 딱히 손에 잡히지 않았다. 먼저 습관부터 바꿔보기로 했다. 수업 중간에 교실로 들어서던 아이들이 떠올랐다. 내가 일찍 일어나면 해결되는 일이다. 일찍 자고 일찍 일어나라고 배웠음에도 나이가 들어가면서 잊었다. 나쁜 습관을 하나씩 바꿔 가면 내 삶도 조금씩 나아질 수 있겠지 싶었다. '새벽 기상', 독서, 운동, 명상, 공부, 일기

등 좋은 습관 중에 아침에 조금 일찍 일어나는 것은 할 만하다 싶었다. 큰마음 먹고 새벽 6시에 일어나기 시작했다. 안 하던 짓을 하려니 머리가 멍하고 아프기도 했다. 딱히 할 것도 없었다. 기왕 일어난 거 살도 빼면 좋겠다는 생각에 운동을 하기 시작했다. 신기하게도 살이 빠지니 나중에는 운동을 하려고 6시에 일어났다. 점점 하고 싶은 게 많아졌다. 조금씩 기상 시간이 빨라졌다. 새벽 3시에 일어나는 사람이 되었다. '새벽 기상'을 한다고 해서 무조건 꼭두새벽에 일어나야 하는 것은 아니다. 평소 9시, 10시에 겨우 일어나는 사람에게는 오전 7시도 새벽일 수 있다. 평소 일어나는 시간보다 조금만 빨리 일어나도 다른 삶을 살 수 있다.

'새벽 기상'의 핵심은 '내가' 정한 시각에 '내가' 스스로 알람을 맞추고, '내 의지대로' 일어나는 것이다. '새벽 기상'의 핵심은 '나'였다. 하루의 처음을 내가 주도해서 시작하면 이후의 시간도 수월해진다. 내가 주도해서 보내는 하루가 일주일, 한 달, 1년, 10년, 그 이상 계속된다면 인생 전체를 이끌어가게 되는 것이다. 지금까지 겨우 억지로 꾸역꾸역 살아왔던 39년의 삶보다 '새벽 기상'으로 하루를 시작하며 보낸 3년간의 세월이 더 만족스러운 이유이다.

'내가 하고 싶은 것은 무엇인가?'
빈 종이에 적어 보았다. 바로 지금부터 작게라도 하나씩 시작해 볼 수 있는 것을 찾아보기로 했다. 선뜻 답을 하지 못했다. 내가 하고 싶은 것보다 아이나 남편이 뭘 좋아하는지, 하고 싶어 하는 게 뭔지 생각하는 게 오히려 더 쉬웠다.
'이렇게까지 나에 대해 무관심했구나!'
눈 딱 감고 나 자신에게 한 번만 미안해하기로 했다. 이미 늦었다고 생각했다. 돌이켜보니 그리 늦지는 않았다. 하나씩 습관을 고치기 시작하니 생각보다 빨리 바뀌었다. 일찍 일어나 할 수 있는 게 생각보다 많았기 때문이다.
하루하루 내 인생이 조금씩 내가 원하는 것들로 채워졌다. 내가 하고 싶은 것, 좋아하는 것, 원하는 것들로 매일을 지속하니 내 인생이 조금은 예뻐 보일 때도 있다. 조금씩 외부환경에 끌려가던 삶에서 내가 내 인생을 끌고 가는 사람이 되었다. 어느덧 새벽은 내 인생을 주도하는 시간이 되었다.

06

엑스트라에서 주인공으로

정혜정

'째깍째깍' 소리가 들린다. 시계 소리에 쫓기듯이 차에 탄다. 어깨에 잔뜩 힘을 주고 핸들을 잡는다. 엑셀을 최대한 밟아본다. 주차 구획에 삐딱하게 차를 세우자마자 후다닥 뛰어 들어간다. 이번에도 간신히 지각을 면했다. "아이 아침도 못 챙겨줬네."라는 미안한 엄마 역할에서 숨 고를 새도 없이 나의 다음 역할을 준비한다. 어제 다 처리하지 못한 서류 더미를 캐비닛에 넣자마자 상담 시간이 다가오고 있다. 나는 엄마에서, 직장인 미술치료사로 얼른 내 역할에 맞춰서 모드를 바꾼다. 상담 시간에 맞춰 온 아이의 인생의 막이 열린다. 쭈뼛쭈뼛 상담실로 들어오는 아이. 이 무대 주연배우인 아이는 긴장한 티가 역력하다. 나는 아이의 한마디, 내뱉는 한숨 소리에도 반응한다. 내가 미술치료로 만나는 아이들은 자신의 하루를 그림으로 재현한다. 오늘의 장면은 아이가 그려낸 아빠가 화내는 순간이다. 그림 속 아빠는 뭔지 모를 무언가를 들고 있고 엄마는 누워있다. 빨간 색연필이 엄마 몸 이곳저곳에 칠해져 있다. 그림 속 아이는 그저 웅크린 채 울지도, 한마디 내뱉지도 못한다. 그림 밖에 있는 아이도 그림 속 아빠에게 말을 하지 못한다. 그저 자기가 그린 그림 속 아빠라 할지라도 아이는 입을 떼지 못한다. 아이의 떨림이 나에게도 느껴진다. 그림 밖, 너의 곁에는 내가 있다고, 살며시 아이의 떨리는 손을 잡아본다. 지금 주연배우인 아이가 마음속 말을 할 수 있도록 돕는 것이 나의 역할이다. 주연배우인 아이가 "아파. 무서워. 하지 마."라는 자기 대사를 소리칠 수 있을 때까지 나의 엑스트라 역할은 계속된다.

아이의 두려운 목소리가 가시지 않은 채 나는 또 다른 역할을 맡는다. 퇴근길 내 차 앞에는 '허'로 시작되는 렌터카들이 보인다. 그러고 보니 길가에 유채꽃이 피어있다. 유채꽃 앞에서 사진을 찍는 관광객들에게 나의 차는, 나는 또 다른 엑스트라겠구나. 그들에게는 매일을 소풍처럼 사는 제주 사람이라는 엑스트라일까? 차 백미러로 '내 대사' 한마디 없는 엑스트라인 내가 보인다. '엄마, 아내, 미술치료사, 직장동료, 딸'. 나는 내 인생에서 여러 조연을 맡고 있다. 주로 대사 없이 괄호 안에 수많은 지문에 따라 숨 가쁘게 움직인다. 가끔 있는 대사도 아이 말에 대한 대답들뿐이다. 나는 내 인생에서 내 대사가 없었다. 늘 누군가의 말을 듣는 역할을 했다. 출근길, 화장실 갈 새도 없었다고 투덜거릴 곳이 없었다. 색연필 핏빛이 체한 것처럼 온종일 가슴 언저리에 걸려있다고 말할 새도 없었다. 나는 그저 다른 누군가의 말을 듣기만 했다. 아이가 어릴 때는 그저 먹이고 씻기고 재우는 것만으로도 '째깍째깍' 시계 소리를 따라갈 수가 없었다. 나는 매일 전력 질주를 하는데도 늘 지각하는 엑스트라 인생이었다.

엑스트라 인생 처음으로 펑크를 냈다. 세탁기에 넣지 못한 수건 더미가 쌓였다. 시계 소리에 맞춰서 뛰어다니던 내 몸은 매일같이 물리치료실 침대에 누워있었다. "무슨 일 하세요?", "막노동하는 사람 허리 같아요."라는 의사의 말에 얼굴이 빨개졌다. 무엇이 부끄러웠을까? 무엇이 서러웠을까? 허리통증으로 나는 절뚝이며 출근을 했다. 아이를 데리러 갔다. 엑스트라가 어디 편하게 아플 수나 있나? 그저 매일 맡겨지는 역할들을 또 해나가는 수밖에…. 오래 앉아 일한 후 퇴근길에 운전을 하면 식은땀이 흘렀다. 집에 가서 구부정하게 망가진 로봇처럼 드드 득~거리면서 옷을 갈아입었다. 또 절뚝이며 부엌으로 향했다. 절뚝이는 내 다리를 내려다보다, "아이가 스무 살이 되면 세계 여행 가야지." 하고 꿈꿨던 것이 떠올랐다. 이제, 이 다리로는 아무 데도 못 가겠구나 싶었다. 그때야 병원에서도 꾹 참았던 뜨거운 무언가가 얼굴에 툭 떨어졌다. 절뚝절뚝…. 물리치료실 에 누워있다가도 눈물이 났다. '그때만 되면'을 꿈꾸면서 살았 는데, 나에게 이제 그때는 오지 않겠구나. 내 인생에서 내 대사 를 할 수 있는 날은, 내 시간을 마음대로 쓸 수 있는 순간은 오 지 않겠구나. 몸은 자꾸만 물먹은 솜처럼 가라앉았다. 몸과 마 음이 바닥끝까지 내려가고 있었다.

"다시는 이 침대에 눕지 않겠어."라면서 물리치료실을 나왔다. '아이가 스무 살이 되면' 하려고 했던 것을 '지금' 하기로 했 다. 나에게 '지금 시간'을 주기로 했다. 아무도 나를 부르지 않 는 순간, 새벽. 하루의 첫 시작을 나에게 주기로 했다. 아무런 역할도 없이 그저 나만의 시간을 쓰기로 했다. 일하고는 상관 없는 읽고 싶었던 책을 읽었다. 일기장에 마음속 말들을 빼곡

하게 써 내려갔다. 아이의 말에, 남편의 말에 대답하는 것이 아니라 내가 하고 싶었던 말, '내 말'을 했다. 마음속 체기를 새벽에 다 뱉어냈다. 1인극 주인공처럼 나는 주인공이 되어 대사를 주고받았다. '왜 이렇게 느려'라고 구박만 하던 절뚝이는 다리와 허리에도, 한마디 말없이 그저 묵묵히 제 역할을 해내던 내 마음에도 말을 건넸다. 내 몸과 마음은 내가 뱉어내는 대사들을 조용히 들어주었다. 다른 어떤 관객보다도 어쩌면 나는 내 대사를 가장 듣고 싶었던 관객이 아니었을까? 새벽 시간에 나는 내 인생의 주인공이자 가장 열렬한 관객이 되어 갔다.

새벽 5시. 새벽에는 엄마로, 아내로, 미술치료사로 누군가를 뒷받침하는 조연이 아니었다. 다른 사람을 챙기고 돌보느라 나중으로 미루던 '나'를 돌볼 수 있었다. 나를 위해 책을 읽고 글을 썼다. 내가 좋아하는 것, 원하는 것들을 찾아갔다. 나를 돌보려고 시작했던 '새벽 기상'이 나에게 '무대'를 선물해 주었다. 이 무대에서는 내가 주인공이었다. 주인공으로 하루를 시작하자 다른 것들도 생생하게 느껴졌다. 출근하느라 바빠서 무심코 지나치던 유채꽃들이 보이기 시작했다. 아이 수다에도 느긋하게 웃을 수 있었다. 늘 재촉하던 '째깍째깍' 시계 소리가 희미해져

갔다. 새벽 5시, 나만의 무대를 갖게 되었다. 그저 정해진 역할
이 버겁던 지각하는 엑스트라에서 나는 내 인생의 주인공이 되
었다.

07

나도 할 수 있을까? 나라서 할 수 있다!

서미숙

50대 중반이다. 지나온 삶은 아쉽고, 새로운 시작은 두려운 나이. 그럼에도 '할 수 있다'라는 사실을 인생을 통해 깨달았다. 미술학원 선생님으로 25년을 살다가 5년 전 매점 이모가 되었다. 학원 경영이 어려워져 문을 닫고 설거지를 하기로 했다. 자식 교육비 때문에 걱정이 많았다. 미술 실기 앞치마가 설거지 앞치마로 바뀌었을 때 사람들 보기가 창피했다. 자존감이 바닥을 쳤다. 퇴근 후 집 밖으로 나가지 않았다. 자존감은 낮아졌고 자존심은 올라갔다. 스스로 당당한 마음을 자존감이라고 하고, 타인의 평가에 연연하는 태도를 자존심이라고 한다. 나는 스스로 작아졌고 다른 사람 눈치에만 급급했다. 돈이 없는데도 자식 교육에 집중했다. 마음껏 쓰며 살았다. 노후 준비를 해야 하는 시기에 놀러 다닌 대가로 일을 해야만 했다.

폐지 줍는 할머니의 힘겨운 삶이 방송에 나온다. 그 모습이 나의 미래일까 두려웠다.

2년 전 아나운서를 준비하는 딸아이의 눈물이 내 삶을 통째로 바꾸었다.

입사하고 싶었던 방송국 면접에서 "느그 아버지 뭐 하시노?"라는 질문에 딸은 고개를 떨구었다. 세상은 달라지지 않았다. 여전히 부모 능력이 자녀 스펙인 사회다. 딸은 부모의 무능함으로 결국 꿈을 접었다. 매일 발음과 뉴스 읽기를 연습한 아이의 노력이 사라졌다. 억울했지만 현실이었다. 늦은 밤 딸아이의 방에서 흐느낌이 들린다. 심장이 '쿵' 했다. 그날 흘린 딸아이의 눈물은 어미인 나에게는 피눈물이 되어 심장이 뎄다.

아이의 무너진 모습에 부자가 되기로 다짐했다. 코로나로 매점도 그만둔 상태다. 젊은 시절엔 왜 돈을 모으지 못했을까? 현실에 안주하니 벌면 쓰기 바빴다. 맞벌이임에도 돈을 모으지 않았다. 실업자가 되니 현실이 보였다. 돈 없이 살 수 있다는 생각은 무슨 배짱이었을까? 이제부터 실천해야 한다. 별다른 재능을 가졌을 리 없는 내가 어떻게 돈을 벌 것인가 고민했다. 실업

급여를 받아 생활하기도 빠듯한데 언제 부자가 될 수 있을까? 답답한 상황을 종이에 적었다. 잔액이 마이너스다. 통장에 뿔뿔이 흩어져 있는 돈과 소액으로 들고 있던 적금을 해약해 마이너스 대출부터 갚았다. 겨우 대출 많은 집 한 채만 있다. 모아놓은 종잣돈은 없었다. 방법을 찾으며 돈 모으기에 돌입했다. 삶을 바꿀 수만 있다면 어떠한 것도 할 수 있다고 다짐하면서 말이다.

몹시 추운 2월, 다꿈스쿨 대표인 청울림의 부자 강의를 들었다. 맨 앞자리에 앉았다. 강의를 듣는 내내 심장이 쿵쾅거렸다. 절실함에 들었던 부자 강의에 주체할 수 없는 떨림이 왔다. 부자의 습관은 '새벽 기상'이 먼저라는 말에 나도 할 수 있겠다는 희망이 생겼다. 할 수 있다는 동기부여도 받았다. 당장 서점에 가서《미라클모닝》을 샀다. 읽어보니 자신감이 생겼다.
"그래! 나도 할 수 있어!"
고작 강의 한번 듣고 의지를 뿜어내다니. 내게 원래 펄펄 끓는 에너지가 있었나 보다.

함께 '새벽 기상' 하는 시스템에 밀어 넣었다. 낯설었다. 단체 카카오톡에 '굿모닝'이라는 글이 계속 올라왔다. 6시에 일어나던 나는 새벽 3시 55분에 알람을 맞췄다. 못 일어날까 잠이 오지 않는다. 첫날은 1시간에 한 번씩 깼다. 새벽 4시, 따르릉 알람 소리에 벌떡 일어났다. 사방이 고요하다. 물 한 컵 들이켰다. 돋보기를 쓰고 책을 펼치니 졸음이 쏟아진다. 양치를 해야겠다. 긴장이 되니 잠이 훅 달아났다. 첫날 '새벽 기상'은 성공이었다. 한 달이 지나니 알람 없이 일어나기도 했다. 매일 오는 새벽공기가 이렇게 상쾌한 줄 모르고 지냈다. 나에게 삶은 즐겁게 살아가야 하는데, 힘겹게 버티며 살아내고 있었다. 훗날 다가올 노후를 무시하며 어차피 없는 돈 어떻게 되겠지 하는 안일한 생각으로 살았다. 그저 한번뿐인 인생 쿨하게 살아보자는 마음이었다. 시스템에 들어가 기상하니 자신감이 생겼다. 함께하는 이들의 칭찬에 어깨가 들썩거리기도 한다. 칭찬의 힘으로 글쓰기를 시작했다. 우울한 마음을 글로 풀었고, 행복한 일도 글에 담았다. 힘들 땐 포기하고 싶다가도 함께하는 이들을 보면 다시 희망이 샘솟았다. 글을 쓰면서 부자의 꿈을 넘어 작가의 삶도 꿈꾸었다.

내 삶이 소중해졌다. '새벽 기상'이 선물해 준 건 자신감이었다. 당당하게 무대 위로 올라와 나를 세상에 알렸다. 눈치 보던 거리를 자신 있게 걸었다. 시작하는 계절이 봄이라서 다행이다. 50대 중반의 나이, 나이를 먹었다는 건 삶이라는 녀석을 아주 쪼금 더 잘 알게 된 사람인 것이다. 시작하기에 좋은 나이라고 생각하니 없던 용기가 생겼다. 나부터 변하면 된다. 내가 바뀌어야 가족 모두가 바뀔 것이다. 게으름과 이별하고 TV를 껐다. 좋아하던 드라마도 이별했다. 나도 할 수 있을까? 의심하지 않았다. 나라서 할 수 있다고 믿었다. 누구나 시작은 떨리는 법이다. 열심히만 산다고 부자가 되지 않는다. '새벽 기상'은 생산적인 하루를 시작해 주는 도구 역할을 했다. 글쓰기를 추가하고 감사 일기를 쓰기 시작했다.

'그래, 새벽 기상이 정답이었어.'
새벽 시간에 에너지를 쏟으니 귀한 시간임에 감사하는 마음이 커졌다. 매번 시작하면서 결심만 했다. 해마다 하는 결심에 의지박약으로 실패했다. 이번엔 다르다. 선명한 목표가 생겼다. 비전 보드를 만들어 벽에 붙였다. 내가 이루고 싶은 것, 하고 싶은 것을 사진과 함께 연간 목표도 적있다. 눈에 보이니 괜스레 다 이루어진 느낌이다.

주도적인 삶이 좋았다. 습관이 바뀌어 가는 내 인생이 예쁘기 시작했다. 반짝거리는 하루를 보내고 있다. 이젠 사람들에게 내 이야기로 도움을 주고 싶다. 새벽의 삶에 관해 이야기해 주고 싶었다. 함께 성장해 나가고 싶다. 어떤 문제에 직면했을 때 《DID 들이대》의 저자 송수용 대표는 "또 한 번 내가 성장하는 시간"이라고 말했다. 방법을 찾아 돌파한다면 해결 안 될 것이 없다는 말이다. 딸아이의 눈물을 외면하지 않고 일단 시작을 했다. '새벽 기상'으로 휘둘리지 않는 삶을 살려고 한다. 남은 삶에서 어떤 도전과 시련이 닥쳐도 나는 할 수 있다는 강렬한 자신감으로 맞서 볼 테니까.

08

삶이 깨어나는 순간

남윤희

새벽 4시 30분 알람 소리에 남편이 먼저 깼다. 살짝 짜증 섞인 목소리로 말한다.

"하…. 일어나는 거면 빨리 일어나!"

밤사이 야근하고 들어온 남편이 먼저 깨니 살짝 눈치가 보인다. 덕분에 이불 속을 순식간에 나왔다. 2년 넘게 '새벽 기상'을 하고 있지만 사실 아직도 어렵다. "어려워도 이 시간을 가지고 싶은 이유는 뭘까?" 2019년 9월 이전 나의 삶은 진공상태와 같았다. 고요하며 아무 일도 일어나지 않는 무미건조한 때였다. 그 가운데 알 수 없는 불안함이 있었다. '새벽 기상' 했던 첫날, 난 책상 앞에 앉아 빈 노트를 펴고 이렇게 썼다.

"주어진 시간을 그저 그렇게 살고 싶지 않다. 어떻게 살고 싶니?"

대답은 나오지 않았다. 나중에 알게 된 사실이 있다. 나에게 아무 일도 일어나지 않았던 이유는 도전하지 않았기 때문이다. 내 삶은 안정 그 자체였다. 안정된 상태가 불편했다. 누군가 이 상태를 깨주기를 바란 적도 있다. 이 불편함은 주관적인 나의 느낌이었다. 결국 내가 해야 할 일이었다. 나는 '줄탁동시'란 말이 좋다. '새벽 기상'은 나에게 '줄탁동시'였다. 알을 품는 시간은 고민과 질문으로 꽉 채우며 지낸 시간이다. 알에서 깨어난 순간은 '새벽 기상'을 시작했던 2019년 9월 나의 마흔다섯 번째 생일이었다. 세상 모든 것에는 알맞았을 때가 필요하다는 것을 새삼 느낀다. "나는 알맞았을 때를 알고 살아가고 있을까?" 생각한다. 삶이 깨어나는 순간은 질문이 나를 향할 때다. 질문으로 나를 깨울 수 있었다.

나에게 새벽은 질문하고 답하는 시간이다. 사람들은 시간이 돈이라 말하며 황금 같은 시간을 아껴 쓰라 한다. 또 누군가는 시간을 아낌없이 다 쓰라고 한다. 또 시간은 기다려주지 않는다. 정해진 만큼 움직인다. 누구도 바꿀 수 없는 하루 24시간은 공평하다. 그 누구도 예외가 없다. 하지만 나에겐 심리적, 물리적 시간이 늘 부족했다. 시간이 필요했다. 내가 만들어 낼 수 있는 시간은 오직 새벽뿐이었다. 새벽에 일어나는 것으로 나만의 시간을 만들었다. 새벽 시간을 가지고 1년에 52권의 책을 읽기로 계획했던 것도 이루었다. 그리고 생산자의 삶을 살고 싶다고 바라던《아티스트웨이》워크숍을 시작했다. 만들어낸 시간을 이용하여 연간목표와 한 달 목표, 주간 목표, 하루 목표를 계획하고 실천하며 내 삶을 깨우기 시작했다. 시간을 내 편으로 만들고 삶을 깨우는 나만의 방법을 찾은 것이다. 첫째로 '새벽 기상'을 함께 하는 사람들이 모여 있는 시스템으로 들어갔다. 혼자서 강렬한 의지를 다지고 시작했더라도 오랫동안 지속하기가 어려웠다. 그래서 시간 앞에 내가 이길 수 있는 환경으로 세팅했다.

둘째로 나는 항상 '어떻게'가 궁금했다. 이제는 '왜'를 궁금해한다.

"나는 왜 삶이 깨어나는 순간을 살아야 할까?", "왜 새벽 기상을 하려고?"

나에게 질문하는 것이다. 질문에 답을 하다 보니 결국 같은 시간을 누가 더 잘 사용하느냐에 따라 성공 여부가 나누어진다는 사실을 알았다. 공평하게 주어지는 시간을 기존과 다르게 썼더니 새로운 경험을 하게 되었다. 그 경험은 나의 삶을 깨우기 시작했다.

세 번째는 지인의 말처럼 나의 속도대로 사는 것이다. 나는 남윤희 킬로미터로 달리는 중이다. 주변의 속도에 맞추다 보면 나는 사라진다. 내 삶을 깨우기는커녕 그대로 쓰러져 버릴 것이다. 나의 속도대로 가다 보니 원하는 만큼 멀리 달리지 못했다고 자책하지 않았다. 예전에는 나의 게으름을 탓했다. 내가 새벽에 일어났는데 아무것도 바뀌지 않을까 두려워서 시작하지 못했다. 게으름 때문이 아니라 두려움 때문에 시작하지 못한 것이다. 게으름은 두려움이었다. 작게 계획하고 더 작게 쪼개서 그 계획대로 하다 보면 바라는 곳에 도착할 것이라 믿는다.

2021년 8월. 내가 속한 시스템 안에 있는 사람들을 위해 강의했다. 강의주제는 '바라는 모습 그대로 사는 것'이다. 강의는 했지만 사실 내가 바라는 삶 그대로 살기를 나 자신에게 선언하는 시간이었다. 강의 중에 《아티스트웨이》워크숍을 하고 내가 변화된 이야기를 나눴다. 한 달 뒤 《아티스트웨이》워크숍을 시작했다. 워크숍 OT를 하던 중에 8월 강의를 들었던 한 분이 참석했다. '모닝 페이지' 쓰기가 인상적이었다고 했던 분이다. 강의를 듣고 난 다음 날부터 워크숍 시작 전까지 단 하루도 빠짐 없이 모닝 페이지를 쓰고 있다고 했다. 쓰면서 예전 시집살이로 힘들었던 때가 생각났다고 한다. 억울한 마음에 울기도 많이 울었고, 자신을 위로하는 시간을 가졌다고 했다. 모닝 페이지 덕분에 자신의 마음을 알게 되었고, 하고 싶은 일이 무엇인지 알게 되었노라 전했다. 나의 이야기가 누군가의 삶에 긍정적인 영향을 주었다는 것에 놀랐다. 나로 인해 누군가의 삶이 의미 있게 변화하기를 바랐다. 매일 바라고 바라던 일이다. 그 일이 그대로 이루어졌다. 어쩌면 그분은 '모닝 페이지를 알게 된 후 실천했던 그때가 자신에 삶에서 깨어나는 순간이 아니었을까?' 생각해 본다.

회사 후배가 나에게 자주 하는 말이 있다.

"언니 너무 피곤하게 사는 거 아니야?"

그래서 후배에게 어떻게 살고 싶은지 물었다. 평범하게 살고 싶다고 말하며 한마디 붙인다.

"내가 이제야 뭐 한다고 바뀌겠어? 바뀌고 싶으면 난 다시 태어나야 해."

하고 싶은 말이 산더미처럼 많았지만 입을 닫았다. 10년 가까이 그 후배와 지내며 느낀 것은 자기 자신에 대해 궁금해하지 않는다는 것이다. 나 또한 그에 대해 궁금하지 않았다. '스스로에 대해 궁금하지 않은데 누가 나를 궁금하게 생각할까?' 하는 생각이 들었다. 나는 내가 궁금한 사람이다. 자주 질문한다. "너는 어떻게 살고 싶니?" 묻다 보니 잘되리라는 희망도 생겼고 실행할 수 있는 용기도 생겼다. 나는 그림 그리는 치유사로 살고 싶다. 그림 그리고 글 쓰는 작가로 살고 싶다. 현재까지 내가 찾은 질문의 답이다.

나에게 새벽은 삶을 깨우는 순간이다. 기상 후 물 한 모금 마시고 쓰는 모닝 페이지가 나를 깨운다. 삶이 깨어나는 순간이란 잠자고 있는 내 꿈 위에 쌓인 먼지를 털어내는 일이라 생각한다. 뽀얗게 쌓인 먼지를 불어내는 시간이 삶을 깨우는 시간이 아닐까? 매일 새벽 내 마음속 먼지를 불어낸다.

고요한 새벽,
오로지 나에게 집중하며
일기를 쓴다.
매일 나를 돌아보고,
과거의 나와 끊임없이 대화하며
함께 성장하고 있다.

〈 제 2 장 〉

나는 새벽을 이렇게 활용한다

독서, 그 고요한 사색

황선영

독서는 놀이였다. 어렸을 때 장난감보다 책을 더 자주 손에 들고 있었다. 장난감을 사달라고 하면 안 된다고 하시면서 동화책을 사달라고 하면 흔쾌히 사 주시던 아버지 덕분이다. 늘 아침에 일어나면 책이나 신문을 읽고 계시는 아버지를 보며 자랐기에 독서는 나에게 익숙한 놀이였고, 책은 친한 친구였다. 덕분에 학교를 다닐 때도, 직장생활을 할 때도 책은 친구처럼 늘 옆에 있었다.

책은 가고 싶은 곳에 데려다주기도 하고, 내가 만나고 싶은 사람을 만나게도 해준다. 내가 듣고 싶은 이야기를 들을 수 있다. 인생을 살면서 해답이 필요한 날, 책 속에서 그 해답을 찾는 희열은 느껴 본 사람만이 안다. 이렇게 책을 읽다 보면 나의 한계를 뛰어넘는 순간이 있다. 멀게만 느껴지는 멘토가 매일 내 옆에서 갈 길을 알려 주시 때문이다. 놀이였던 독서가 이제는 멘토와 대화의 시간이다. 책을 늘 옆에 두는 이유이다.

아이를 낳고 육아를 하는 동안 책을 잊고 살았다. 늦은 나이에 출산했고 일을 하는 워킹 맘이기에 매일 피곤했고, 매시간 쉬고 싶은 마음이라 책을 볼 생각은 하지 않았다. 스마트폰이 발달한 시대에 출산해서 육아 정보도 스마트폰 속에 전부 있으니 책을 읽을 필요가 없었다. 그래도 아이만큼은 독서를 좋아하는 아이로 키우고 싶었다. 책장은 아이 책들로 채워지고, 열심히 아이 책만 읽어 주며 책 육아를 한다는 생각에 내심 뿌듯했다. 엄마가 없는 동안 아이랑 잘 놀아주는 다정한 아빠가 있음에도, 아이가 엄마를 기다린다는 생각에 온전하게 혼자만 보낼 수 있는 시간이 생겨도 자체 반납했다. 아무도 강요하지 않은 껌딱지 육아를 받아들였다. 육아를 하는 동안 독서를 한다는 건 ‘사치’였다.

우연한 기회에 독서 모임이란 게 있다는 걸 알았다. 아이를 키우는 동안 잊고 있던 독서의 즐거움을 맛보고 싶어서이기도 했지만, 일상에서 벗어나 새로운 사람들을 만나고 싶었다. 독서 모임에 참여한다는 것은 책을 읽고 느낀 점이나 생각에 대해 발표해야 한다는 거다. 발표는 생각만으로도 부담스럽지만, 거룩한 부담감을 즐기기로 했다. 같은 책을 읽고도 처한 상황, 살아온 환경에 따라 생각이 다르니 한 권의 책을 여러 번 읽은 것 같은 효과를 누릴 수 있다. 독서 모임에 참여하면서 책을 읽으니 내 사고의 영역이 깊어지고 넓어지는 기분이다. 지적 허영심이 충만해진다.

'새벽 기상' 모임을 시작하면서 독서 모임 하나를 더 하게 됐다. '새마정' 멤버들과 함께하는 '마음부자클럽(맘부클)' 독서 모임이다. 독서 모임이 두 개이니 한 달에 의무적으로 읽어야 할 책이 있었고, 또 읽고 싶은 책은 어찌 그리 많은지 최소 일주일에 한 권씩은 읽어야 했다. 아니 읽어내야 했다. 오전 9시~오후 6시까지 일을 하고 퇴근하면 아이를 먹이고 씻기고 재워야 한다. 아이가 잠들기 전까지 온전하게 아이에게 집중했다. 그러다 함께 잠이 들어버리는 날들의 연속이었다. 일주일에 책 한 권을 읽어내기 위해서는 오롯이 독서에 집중하는 시간이 필요했다. 일찍 일어나는 것보다 늦게 자는 게 덜 힘들었기에, 처음에는 아이를 재우고 일어나 늦은 새벽까지 책을 읽었다. 잠이 든지 얼마 지나지 않은 아이가 엄마가 옆에 없음을 알고 자꾸 깨기도 했고, 하루 동안 누적된 피로에 눈꺼풀이 무거워 집중이 되지 않았다. '새벽 기상' 모임과 함께하면서 아이와 같이 일찍 자고 일찍 일어나는 새벽으로 독서 시간을 옮겼다. 아이는 푹 잠이 들어 있었고, 잘 자고 일어난 덕분에 내 몸도 마음도 가벼웠다. 고요한 새벽, 말로만 듣던 그 새벽을 온몸으로 느낀다. 엄마를 찾는 아이가 없으니 온전히 책 속에 푹 빠져 집중할 수 있었다. 책을 읽다 고개를 들면 어두웠던 창밖이 환해지고 있다. 힘들었던 날은 지나가고 환하게 빛날 나의 오늘과 내일인 것 같아, 동이 트는 새벽을 보는 건 설렘 그 자체였다. 더 간절하게 나를 이기고 새벽을 깨웠다.

결혼 전에는 카페에서 책 읽는 걸 좋아했다. 커피 한 잔을 앞에 두고 책을 읽으면 굉장한 문학가가 된 듯했다. '사색' 이라는 인간의 아름다운 능력을 잊은 채 그저 '읽는 것' 에 불과한 독서를 했다. 사색이 없었던 독서는 정보수집에 불과했고, 그 정보마저 뒤돌아서면 까맣게 잊어버렸으니, 책은 읽었지만 인생에 큰 변화는 없었다. 새벽 독서, 그 고요한 사색의 시간을 알기 전까지는 그랬다.

책을 읽고 사색하면서 저자와 대화를 하지만, 꼭 그 책의 저자를 직접 만나고 싶을 때가 있다. 저자를 만나는 일이 결코 쉬운 일은 아니지만 어려운 일도 아니다. 나는 독서 모임을 하면서 많은 저자들을 만났다. 대표적인 분들이《돈의 속성》김승호 회장, 《부자되기 습관》존 리 대표다. 책에서 읽은 내용이어도 저자에게 직접 듣는 이야기는 족집게 과외수업을 듣는 기분이다. 전부 내 인생에 적용해야 할 말씀들이다. 역시 견해가 남다르다. 도대체 얼마나 많은 책을 읽으면 깊은 울림이 있는 말들을 그렇게 자연스럽게 할 수 있을까? 같은 것을 보고 어떻게 그런 차원이 다른 관점으로 볼 수 있는지. 직접 만난 저자들의 카리스마는 책에서 느끼는 것 100배쯤은 더 강렬했다.

성공한 사람들이 공통으로 말하는 성공 비결 중 빠지지 않는 한 가지가 있다. 바로 독서다.

독서를 하면서 사색하고, 세상을 바라보는 견문을 넓히고, 배움의 깊이를 더해 실행으로 옮기면 한 뼘 더 성장한 나를 만날 것이다. 오늘 새벽도 독서, 그 깊은 사색과 함께 시작한다.

명상, 생각을 멈추는 순간

남윤희

이른 새벽잠이 덜 깬 채 책상 앞에 앉는다. 시계 초침 소리만 흐른다. 밖에서는 새벽 배송으로 분주한 트럭의 시동 소리와 끌게 끄는 소리로 새벽이 채워진다. 주방으로 가 전기포트에 물을 넣고 끓인다. 준비해 둔 유리 주전자 안에 거름망을 꺼내어 찻잎을 넣는다. 나의 인생 차가 된 'TWG BLACK TEA 1837' 이다. 티스푼으로 옮겨야 하지만 손목 스냅으로 찻잎이 담긴 통을 살살 위아래로 흔들며 통 속 찻잎을 앞으로 당겼다. 그러다 그만 손목 스냅 조절 실패로 거름망 밖으로 찻잎이 다 쏟아져 버렸다. 주변의 잎을 주워 담고 정리를 하며 차를 내렸다. 홍차가 담긴 찻잔을 들고 책상 앞에 앉았다. 찻잔 속을 바라본다. 찻잔의 온기가 퍼진다. 생각이 멈추는 순간이다. 마음대로 되지 않은 오늘 새벽은 명상하기에 좋은 날이다. 인생이 내 마음대로 다 되면 그 인생이 뭐가 재미있겠느냐 한다. 맞는 말이다.

20대 사회생활을 시작할 때 나에게 해 준 아빠의 말이 생각난다. 사회생활 하다 보면 너의 마음과 같지 않을 때가 올 텐데, 그럴 때는 일에 너무 매달리지 말고 산에라도 주말에는 한 번씩 다니라고 하셨다. 산을 사랑하는 아빠의 말에 나는 속으로 '주말에 쉬기도 바쁜데 무슨 산을….' 이라고 말했다. 지금 와 생각해 보니 혼자만의 시간을 가지고 생각을 멈추는 순간을 가지라 하신 말씀이셨나 보다. 나는 산 대신 '새벽 기상'으로 생각을 멈춘다. 생각을 깊이 하기도 하지만 순간 멈추기도 한다. 생각도 나와 인연이 있는 것이 있고 아닌 것이 있나 보다. 인연이 닿아 오래 머무는 생각은 나를 키워낸다. 그러나 어떤 생각들은 머무르지 않고 흘러간다.

'새벽 기상' 루틴에 명상하기가 따로 있지 않다. 명상은 틈틈이 이루어진다. 기상하자마자 물 한 잔을 따르고 마시기 전 컵 속의 물에 한마디를 한다. "고마워!"라고 한 후 마신다. 나 나름의 명상이다. 책상 앞에 앉아 노트를 펴고 모닝 페이지를 쓴다. 모닝 페이지란 검열 없는 글쓰기이다. 그저 떠오르는 생각들을 써 내려가면 된다. 때로는 내용이 있지만, 때로는 알맹이가 없어 보이는 날것의 문장들이다. 그냥 쓴다. 펜을 잡은 손을 움직여 글을 써 내려가며 내 손으로 생각을 멈추어 머무르기도 한다. 《아티스트웨이》를 읽고 알게 된 모닝 페이지 쓰기는 손으로 하는 명상이라고도 한다. 그러니 몇 줄 쓰다가 그만두지 않는다. 내용이 있든 없든 손을 움직여 3쪽을 까맣게 채운다. 솔직함과 진실함을 가지고 손으로 명상한다. 가부좌 자세로 정신 수양하는 고수들의 명상을 흉내조차 낼 수 없다. 나만의 명상법은 그저 일상 속 작은 틈 시간에 생각을 멈추는 것이다. 그리고 모닝 페이지로 생각의 배수로를 만드는 것이다.

올해 5월 석가탄신일 하늘은 예술이었다. 선명하고 파란 하늘과 바람도 볕도 좋은 날이었다. 우리 가족은 한강으로 나섰다. 주차를 하고 한강 광장 한가운데 섰다. 파란 하늘 위를 본다. 알록달록한 색의 연이 떠 있다. 짧게 길게 하늘을 나는 연을 하염없이 바라본다. 문득 '사람 관계가 하늘을 나는 연과 닮았구나' 하는 생각이 들었다. 더 이어가고 싶어도 끊어진 연처럼 멀리 멀리 날아가 버리는 인연이 있다. 그렇게 끊어진 연은 다시 데리고 올 수가 없다. 알맞은 줄의 거리와 알맞은 바람 세기로 거리가 필요하다. 적당히 팽팽하게, 때로는 적당히 느슨하게 조절하며 잘 날고 있는 하늘의 연처럼 길게 오래도록 이어지는 인연이 있다. 인간관계라는 것이 연과 닮았구나 싶었다. 바람을 이기려고 애쓰다 보면 연줄이 끊어져 버릴 수 있다. 적당한 바람, 적당한 줄의 길이, 적당한 팽팽함이 있을 때 연은 오랫동안 하늘을 날 수 있다. 그렇다면 '나는 그렇게 살고 있는가?', '소중한 인연의 연을 위해 무엇을 하고 있는가?', '툭! 끊어진 연 때문에 마음에 담아둔 것이 없는지….' 살핀다. 이렇게 마음을 살피는 것은 출력되는 화면을 정지하는 그것과 같다고 생각한다. 이때가 생각을 멈추는 순간이다.

과거에 충북 제천에 있는 도미니코회 봉쇄수녀원에 7일간 피정하며 혼자 지낸 적이 있다. 피정은 가톨릭 신자들이 일상생활에서 벗어나 성당이나 수도원 같은 곳에서 머물며 행하는 일정 기간의 수련 생활이다. 수도회에서 지내는 동안 수녀님들과 하루 루틴을 똑같이 지냈다. 새벽 4시에 일어나 기도를 시작으로 먹고 일하고 기도하기를 반복했다. 돌이켜보면 '기도하고 먹고 일하는 반복되는 생활, 그 삶 자체가 명상이었구나!' 하는 생각이 들었다. 현재의 삶을 자신의 숙명으로 받아들이는 것, 반복되는 일상에서 감사로 매일을 사는 것은 몸으로 하는 명상인 것 같다. 피정 마지막 날 저녁 미사에서 도미니코 수도회 수사님을 만났다. 이탈리아에서 오신 외국인 수사님이었다. 숙소에서 마련된 저녁 식사 후에 수사님과 산책을 했다. 수도원 정원 가운데 십자고상이 서 있고 주변은 둥글게 꽃으로 장식된 화단이 있었다. 우린 그 화단을 따라 걸었다. 수사님은 나에게 세례명이 무엇인지 물어 답을 했다. 그러자 그 의미를 아느냐고 물었다. 나는 모른다고 했다.

"CLARA는 '맑은 영혼을 가진 자' 라는 의미가 있어요. 세례명과 일치하는 삶을 사시면 좋겠어요."

나의 세례명과 어울리는 삶은 어떤 모습일까 궁금했다. 명확히 떠오르지 않았지만 그렇게 살고 싶어졌다. '맑은 영혼을 가진 사람이라니….' 불가능한 일이라고 생각했다. 하지만 '새벽 기상'을 하며 한 가지를 깨달았다. 매일 감사하는 것이다. 감사하는 마음으로 하루를 시작할 수 있다면 어쩌면 그 삶에 가까워질 것이라 믿게 됐다. 나를 그렇게 키워내고 싶었다. 나를 양육하기 위해서 혼자만의 시간이 필요했다. 나를 건강하게 양육하기 위해 가졌던 시간이 새벽이다.

새벽은 복잡한 생각을 멈추고 내가 향하는 그곳이 바라던 곳이 맞는지 틀리는지 고민하고 시간이다. 지금 제대로 가고 있는지 방향을 찾는 시간이다. 자신이 엉뚱한 방향으로 가고 있는지 모른다면 방향을 바꿀 수 없다. 때로는 길을 잘못 들어서더라도 잠깐 생각을 멈추고 돌아서면 된다. 가끔은 머리부터 발끝까지 몸 구석구석을 눈을 감고 감각을 느껴본다. 그리고 나를 위해 움직이는 팔다리에 말을 건넨다. "고맙다!" 말한다. 오늘 새벽도 나는 감사로 시작한다.

아침 일기, 나를 돌아보는 시간

김민혜

일기는 배설의 도구였다. 몰래 쓰고 서랍 속 깊은 곳에 넣어놔야 마음이 편했다. 주로 늦은 밤에 일기를 썼다. 치열한 하루를 끝내고 아이들을 재운 뒤 다시 일어났다. 미처 끝내지 못한 집안일을 마무리한 뒤 식탁에 앉는다. 냉장고에서 맥주를 꺼내 한 모금 삼키면 종일 쥐고 있던 긴장의 끈이 그제야 놓였다. 그리고 오늘 있었던 일을 쓰기 위해 일기장을 펼쳤다. 자기반성을 하거나 부정의 감정이 대부분이었다. 행복, 희열, 기쁨은 거의 없다. 온통 타인을 향한 날 선 분노와 원망, 자신에 대한 자책과 반성만이 가득했다. '부모님의 이혼', '독박 육아', '워킹 맘의 고민', '낮은 자존감'까지 밖으로 표현하지 못한 생각과 감정들을 뱉어냈다. 일기를 쓰면 내 자신이 초라하고 안쓰러워 많이 울었다. 그리고 눈물을 들키지 않으려고 생채기 난 감정을 제대로 살피지 않은 채 대충 마무리 짓고 일기장을 덮었다. 결국 나를 돌아보지 않게 되었다.

여느 때처럼 끼니도 거른 채 분주히 저녁 시간을 보내고 있었다. 직장 스트레스로 아무것도 하기 싫은 날이었다. 남편도 퇴근하고 집에 왔다. 함께 저녁을 먹으면서 남편은 피곤했던 자신의 하루를 풀어놓더니 숟가락을 놓자마자 소파에 누워 TV를 보는 게 아닌가! 화가 났다. 식탁은 아이들이 흘린 밥과 반찬으로 난장판이었다. 개수대에는 아침밥 그릇부터 저녁밥 그릇까지 한가득 쌓여있었다. 미처 개지 못해 쌓여있는 빨래 더미를 밟으며 아이들은 뛰어다녔다. 화는 가장 만만한 아이들로 향했다.
"엄마가 뛰지 말랬지?" 애꿎은 아이들에게 감정을 표출한 것이다. 큰소리에 놀란 아이들은 슬슬 눈치를 보기 시작했다. 평소 같으면 "그래~ 괜찮아!" 하고 넘어갔을 일에도 화부터 냈다. 나로 인해 집안 분위기는 살얼음판이 되었다. 그날도 어김없이 일기를 썼다. 저녁에 있었던 일을 생각하며 감정을 조절하지 못한 못난 엄마였음을 자책했다. 그리고 직장과 집에서 24시간 쉼 없이 돌아가는 삶의 고단함을 토로했다. 쉬고 싶은 마음을 억누른 채 육아와 집안일을 하고 있는데, 당연한 듯 쇼파에 눕는 남편이 미웠다. 한참을 쓰다가 무심결에 앞장을 펼치니, 3일 전에도 남편이 집안일을 안 해 나는 화가 나 있었다. 1년 전을 펼쳤다. 1년 전 그날도 육아 문제로 다투고 화가 났었다. 나에겐 화밖에 없는 모양이다.

새벽 4시. 알람 소리를 듣고 잠에서 깬다. 졸린 눈을 비비며 거실로 걸어 나온다. 책상에 앉는다. 책꽂이에 꽂힌 일기장을 꺼내어 펼친다. 오늘 날짜를 쓰고 눈을 감는다.

'어제 무슨 일이 있었지?', '지금 고민은 뭐지?'

다시 눈을 뜬다. 일기를 쓰기 시작한다. 늦은 밤에 일기를 쓰면 좋았던 일보다 안 좋았던 일이 먼저 생각나고, 칭찬과 감사보다는 비난과 질투의 감정이 앞선다. 하지만 아침 일기는 밤에 쓰는 일기와는 좀 달랐다. 어제의 불쾌했던 일은 여전히 생각났고, 눈뜨는 것 그것만으로도 매일 감사한 것도 아니었다. 다만 자고 일어나 어제보다 감정이 누그러진 상태로 일기를 쓰게 되는 것이었다. 특히 새벽부터 부정의 감정을 쓰고 싶지는 않았다. 일기를 쓰면서 머릿속 모든 생각늘을 구분 없이 일렬로 줄을 세운다. 하나씩 마주한다. 기쁨, 환희, 즐거움, 설렘 등의 감정은 자주 꺼낼 수 있게 가장 가까운 곳에 저장한다. 불안, 미움, 원망과 같은 부정의 감정은 사실과 감정을 구분지어 잘 살펴보고, 적당한 위치에 저장해서 더 나은 삶의 방향을 찾는 데 활용한다. 일기를 쓰면서 스스로 질문을 한다.

'왜 나에게 이런 일이 생겼을까?', '그래서 내가 할 수 있는 일은 뭐지?'

원망과 비난이 아닌 자기분석이다. 일어난 일에 대해 이유와 생각을 쓰면 사실과 감정이 혼재되어 있던 생각들이 정리된다. 정리된 생각은 한 편의 글로 거듭난다. 때로는 자기분석을 했음에도 정리되지 않는 감정도 있다. 하지만 그마저도 글감 넘치는 글을 쓰다 보면 어느새 희석되어 있었다.

아침 일기를 쓰면서부터 감사 일기를 함께 쓰고 있다. 감사 일기를 통해 당연한 것들을 감사하게 된 뒤로 나의 행동에는 여러 변화가 있었다. 오늘도 남편이 무사히 퇴근해서 함께 저녁 먹는 시간이 감사하고, 자장 라면을 먹고 얼굴에 자장을 묻힌 채 웃고 있는 아이들의 모습이 한없이 소중해졌다. 내가 변하자 남편 또한 변했다. 저녁을 먹고 나면 자연스럽게 거실 한쪽에서 빨래를 개며 TV를 본다. 주말엔 아침을 차려놓고 새벽부터 방에서 글을 쓰고 있는 나를 부른다. 그리고 줌(Zoom) 수업이 있을 땐 아이들을 데리고 집을 나간다. 3시간 뒤 비밀번호 누르는 소리에 현관으로 가면, 깔깔거리며 웃는 아이들 모습 뒤로 수척한 남편의 얼굴이 보였다.

얼마 전 집에 택배가 도착했다. 수취인이 남편이라 물건을 집 안에 들여놓기만 했다. 퇴근해서 돌아온 남편은 아이들 책상에서 택배 상자를 풀더니, 뭔가를 열심히 조립하고 있었다. 저녁밥 준비에 여념이 없던 터라 남편의 행동을 유심히 보지 않았다.
"여보, 잠깐만 와봐!"
남편이 불렀다. 방에 들어가니 남편과 아이들이 책상 주위에 서 있었다. 책상에는 나의 노트북이 처음 보는 거치대 위에 놓여 있었다. 눈높이와 맞지 않는 노트북으로 글을 쓰는 내 모습을 보고 거북목 될 것 같았다고 한다. 그래서 높이 조절이 가능한 거치대를 주문한 것이었다. 그리고 작가의 아이템이라며 펼쳐진 책 모양의 투명한 문진까지 함께 선물했다. 아이들은 호기심 가득한 눈으로 문진을 들어 서로의 얼굴을 쳐다보며 웃는다. 남편은 방을 나가며 무심히 말했다.
"인세 많이 받아서 갚아."
지난날의 마음이 멋쩍을 만큼 미안했고 고마웠다.

새벽에 일기를 쓰면서 2년 전 오늘이 문득 궁금했다.

2019년 11월 5일, '새벽 기상'을 시작한 지 20일이 지난 아침이었다. 잠을 깨려고 화장실 앞에서 무릎 꿇고 엎드렸다가 다리에 쥐가 나 남편을 불렀다고 적혀 있었다. 그날이 떠올라 피식 웃었다. 잠 깨는 데는 왼손 필사가 도움이 된다고 해서 지렁이 기어가듯 적혀져 있는 글을 보니 입가에 미소가 지어진다. 삶을 변화시키고자 애쓰는 2년 전 내가 기특했다. 이제는 일기를 몰래 쓰지도, 숨겨 놓지도 않는다.

고요한 새벽, 오로지 나에게 집중하며 일기를 쓴다. 매일 나를 돌아보고, 과거의 나와 끊임없이 대화하며 함께 성장하고 있다.

건강한 인생 건강한 엄마

서미숙

새벽 시간을 잘 활용하고 싶었다. 매일 새벽 4시에 일어났다. 자신 있게 시작한 '새벽 기상'에 욕심을 부렸다. 6개월이 넘어가니 루틴이 늘어난다. 책 읽기, 글쓰기, 경제신문 읽기, 강의 듣기 등 많은 걸 한꺼번에 하니 버거웠다. 몸에 신호가 왔다. 머리가 지끈거리고 목과 어깨, 등줄기까지 아팠다. 누군가 어깨를 누르는 듯한 느낌이 한 달째 계속되고 있다. 일상생활이 힘들 정도로 머리가 무겁다. 참을 수 없을 때 병원을 방문했다. 진료실에 들어가자 의사 선생님이 몇 가지 질문을 하더니 혈압을 쟀다.

"이렇게 혈압이 높은데 병원을 빨리 오셨어야지, 왜 이제야 오셨어요?"

덜컥 겁이 났다. 아버지는 혈압으로 돌아가셨다. 유전으로 혈압이 높은지 몰랐다. 그동안 내 몸을 너무 방치했다. 깊은 한숨이 나온다. 혈압약을 복용하니 목덜미가 뻣뻣하거나 머리 아픈 건 나아졌다. 50대는 건강관리가 필요하다. 자고 나면 몸 상태가 다르다는 말이 더는 남의 이야기가 아니다. 불어난 체중을 걷어내야겠다. 체중을 감량하려면 달리기가 가장 좋다고 한다. 운동을 안 하니 살이 빠질 리가 있나? 식탐이 많은 나는 다이어트에 매번 실패한다. 반면, 남편은 관리를 잘하는 사람이다. 혈압 때문에 몸 관리를 해야 하는데 게으름이 항상 막고 있다.

집 앞 공원으로 나갔다. 천천히 걷기 시작했다. 평생 고혈압 환자로 살아야 하는데 몸에 합병증을 초대할 수는 없다. 합병증이 온다면 그보다 더 무서운 일이 없을 테니까. 가장 중요한 우선순위인 건강을 여태껏 모른 척하고 살아왔다. 친정 부모님이 50대 초반에 돌아가신 이유도 건강의 문제임을 잊고 살았다. 두 달째 걸어도 몸에 변화는 없다. 체중이 꿈적도 하지 않는다. 이참에 식이요법을 해볼까 하는 생각이 들었다. 다이어트는 못하겠다. 갱년기인 50대 이후에는 물만 먹어도 살이 찐다. 식탐이 많기에 늘 체중감량엔 실패했다. 내게 절대적으로 어려운 일은 살을 빼는 것이다. 다이어트를 시작하는 순간부터 먹고 싶은 음식이 아른거린다. 항상 의욕만 가지고 "10kg을 감량하겠어!" 큰소리치며 턱없이 높게 책정한 목표로 늘 실패했다. 운동을 해야 하는 이유인 목적의식이 없으니 동기부여도 받지 못하고 중도에 지쳐버린다. 병원진단이 진짜 무서웠나 보다. 병원에서 평생 약을 먹어야 한다는 소리에 내게 운동을 해야 하는 목적의식이 생겼다.

성공한 사람들은 운동을 빼놓지 않는다. 바쁠수록 운동을 더 하는 부자들의 습관은 배워야 하는 습관이다. 공원에 가면 걷거나 달리는 사람들이 보인다. 나도 뛰어 볼까 하는 마음이 생기기도 한다. 100m를 달려봤다. 숨이 멎을 것 같다. 마스크를 쓰고 달린다는 건 쉬운 일이 아니었다. 하루 이틀 달려보니 신기하게도 뛰어진다. 본격적으로 달리기 시작했다. 목표는 3km다. 1km씩 늘리며 달릴 생각이다. 달리기는 고강도 훈련이기에 충분히 스트레칭하고 달려야 한다. 무릎이 아플까 봐 겁부터 먹었다. 운동을 시작한 지 6개월이 지났다. 5km가 뛰어진다. 운동으로 체력을 만들어 놓으니 달릴 수 있다는 자신감이 생겼다. 운동을 매일 하는 습관으로 만들어 놓았다.

달리기로 몸이 가벼워졌다. 저절로 다이어트가 되니 체중감량에도 도전했다. 근력운동을 해본 적이 없는데 근육을 늘려야 한다. 헬스클럽에 등록했다. 체지방이 문제였다. 식단조절을 해야 한다. 먹는 음식을 바꾸는 건 고통스러웠다. 현미밥으로 바꾸고, 모듬 채소에 토마토와 양배추를 구워 먹었다. 다이어트 목표를 써서 벽에 붙였다. 감량 후 먹고 싶은 음식도 써서 붙였다. 한 달이 지났다. 철인 3종 경기하는 선수처럼 하루하루가 숨에 받쳐 허덕거렸다. 운동을 굳이 해야 할 필요성을 못 느꼈던 나는 다이어트라는 이름 아래 체중 변화가 보였다. 다른 사람으로 환골탈태하고 있었다. 체중계에 올라가 몸무게를 확인한 순간 감격이 거대한 파도처럼 밀려온다. 3kg 감량되었다. 나도 모르는 사이에 몸에 딱 붙어있었던 지방이 떨어져 나간 것이다. 시작할 때 나는 명확한 목표 의식을 가졌다. 매주 일요일은 가족과 등산을 한다. 첫 주는 동네 뒷산, 그 다음 주는 광교산, 청계산 순으로 힘든 코스에 도전한다. 산에 올라갈 때는 숨이 턱 막히니 중간에 포기하고 싶다. 마음에 갈등이 생긴다. 운동을 하는 목적이 명확한 내게 중도 하차란 있을 수 없다.

50대는 시작하기에 이미 늦었다고 말한다. 나는 60대였어도 시작했을 것이다. 10개월 만에 8kg 감량되었다. 더는 무기력하거나 피곤함이 없어졌다. 꾸준한 운동의 비결은 함께 운동하는 남편이 있기에 가능했다. 달리기하면 일본 작가 무라카미 하루키가 생각난다. 매일 10km를 달리고 난 후 글을 쓴다. 글쓰기 집중을 위해 하루 시작을 달리기로 한다니, 역시 세계적인 작가는 아무나 되는 게 아니었다. 꾸준히 달리는 하루키도 참 대단하다. 내가 본받을 점이다. 바쁠수록 중요한 걸 하라고 한다. 내게 중요한 일은 운동이었다. 체중을 감량하니 혈압은 저절로 내려갔다. 체중에 대한 스트레스도 적으니 화가 안 난다. 역시 비만은 질병이다. 몸에 관해서 공부해야 한다는 건 생각하지 못했다. 몸에 대해 무지했다. 친정 부모님이 일찍 돌아가셔서 늘 불안한 마음으로 살았다. 그런데도 몸을 돌보지 않았다. 식습관을 바꿨다. 저녁은 고구마로 간편하게 먹는다. 속이 비워지니 편안하다. '새벽 기상'으로 건강한 몸이 만들어졌다. 더는 새벽 시간에 하던 루틴이 힘들지 않았다. 건강을 찾은 새벽 시간이 소중하다. 집중이 잘 된다. 건강한 엄마로 건강한 인생을 살고 있다. 남은 인생 멋지게 살 것이다.

계획의 중요성

원효정

계획 세우는 것을 좋아한다. '계획'하면 함께 따라오는 '실천'과는 친해지기가 쉽지 않았다. 어릴 적 방학이 시작되면 방학 생활계획표를 만들었다. 방학 때 무엇을 할지 정하는 것만으로도 설레서 이 숙제는 좋아했다. 커다란 대접 하나 엎어놓고 동그라미를 그렸다. 이번 방학은 좀 다를 거라고, 이번만큼은 꼭 지키리라는 굳은 결심도 함께했다. 결심만큼 대접을 잡은 손에 힘을 주고 입술을 다물었다. 그려 넣은 동그라미를 나눠 할 일들을 적어 넣었다. 항상 밤 10시 칸에는 '취침'이라고 적었다. 밤 10시 넘어 끝나는 TV 프로그램 때문에 지킨 적은 없었다. 아침 7시 칸에는 늘 '기상'이라고 적었다. 학교 다닐 때도 못 일어나던 내가 방학이라고 다를 리 없었다. 해마다 그리는 동그라미 속 방학 계획에는 '놀기'보다 '공부하기'

가 월등히 많았다. 방학 때는 제일 신나게 놀았다. 밤 9시부터 10시 사이에는 '일기 쓰기'가 빠지지 않고 등장했다. 개학을 코앞에 두면 늘 밀린 일기와 씨름했다. 8월 2일 날씨가 맑았는지 비가 왔는지는 도통 기억나질 않는다.

"계획만 세우면 뭐 하나, 지키지도 못하면서…."

방학 때마다 되풀이되는 엄마의 잔소리는 덤이었다. 의욕은 넘쳐 계획은 잘 세운다. 계획을 끝까지 지키지는 못한다. 어릴 때뿐만 아니라 엄마가 되고 나서도 여전히 그랬다. 일명 문구 덕후라서 새해에는 늘 새로 다이어리를 사곤 했다. 야심차게 적기 시작한 가계부도 1월 1일이 포함된 일주일만 반짝 쓰고 책장 어딘가에 조용히 꽂아두기만 했다. '그럼 그렇지, 뭐!' 의지가 약한 나를 탓하기만 했다. 우연히 《빅터 프랭클의 죽음의 수용소에서》를 읽다가 나를 탓하기만 할 것은 아니라고 생각했다.

"왜 사는지 그 이유를 아는 사람은 어떻게 살아야 하는지 알게 된다."

빅터 프랭클은 니체의 말을 인용하면서 삶의 이유를 스스로 찾아야 한다고 말했다. 이거였다. 내가 계획을 세우고도 지기지 못했던 이유.

계획을 왜 세워야 하는지, 무엇을 얻고자 하는지, 계획을 세우는 것이 왜 중요한지 전혀 알려고 하지 않았다. 그저 하라고 하니까 '그래야 하나 보다' 하며 무조건 따르기만 했다. 남들이 계획을 세운다고 하니까 나도 그래야 할 것 같아서 쉽게 덤벼들었다. 끝까지 지키지 못했던 것은 '왜' 라는 가장 근본적인 이유가 나에게 없었기 때문이다. 책을 통해 이 사실을 알게 되자 갑자기 묘한 쾌감이 느껴졌다. 이거였구나! 계획을 다시 세워보기로 했다.

이번에는 조금 달랐다. 꾸준히 할 수 있는 시간대를 찾았다. 욕심부터 내려놓은 것이다. 남들 따라 자기 전에 하루를 정리하고 다음 날 계획을 세우려고 했다. 하루 11시간을 일하는 직업 특성상 집에 오면 이미 피곤한 상태였다. 만사가 다 귀찮았다. 밤 9시 반에 퇴근하고 집에 오면 아이들 숙제 검사하고 자기에도 빠듯했다. 남들 따라 하는 것 말고 나에게 맞는 시간대를 찾다 보니 새벽 3시에 일어나 커피 한 잔 내리고 책상에 앉는 그 시간이 딱 맞았다. 그날 하루의 계획을 세우면서 하루를 시작했다. 3시에 못 일어난 날도 괜찮았다. 핵심은 하루를 시작하기 전에 그날 하루의 계획을 먼저 세우는 것이었다.

그날 해야 할 일을 쭉 적기만 하는 것은 의미가 없었다. 해야 할 일을 쭉 적다 보니 할 일이 많아 보였다. 할 일이 많다는 것을 열심히 사는 것으로 착각했다. 오히려 뿌듯하기도 했다. 많은 일을 빼곡히 적어놓은 다이어리를 본 어느 날, 숨이 턱 막혔다. 하루를 시작하기 전부터 오늘 해야 할 일이 많다고 생각하니 마음부터 지쳤다. 지치고 시작하는 하루는 재미없었다. 적어놓은 일을 그날 안에 다 하면 그나마 다행이다. 몇 가지 일만 겨우 해놓고 아직 손도 못 댄 일이 남아 있으면 기운이 빠졌다. 해야 할 일을 다 완료하지 못했다는 생각에 자책했다. '도대체 나는 왜 맨날 이럴까…' 하며 나를 탓했다.

나를 지켜야 했다. 그날의 계획을 '제대로' 세워야 했다. 하루 중 나에게 주어진 시간이 얼마나 되는지 먼저 파악하기로 했다. 감당할 수 있을 만큼의 할 일만 정해 놓기로 했다. 따져보니 하루에 주어진 시간이 그다지 많지 않았다. 시간이 많지 않으니 나에게 가장 중요한 일부터 하나씩 해나가야 했다. 매일 해야 할 일 중에서 중요한 일을 1~2가지만 정하기로 했다. 다른 거 몰라도 그것만큼은 그날 안에 끝마치기로 했다. 왠지 모르게 기특했다. 시간을 계획하는 것은 많은 일을 하기 위한 짓이 아니라 한정된 시간의 밀도를 높여가는 작업이었다. 높아지는 시간의 밀도만큼 내 자존감은 커졌다.

<일상과 문장사이>를 쓴 이은대 작가는 자존감에 대해 자기 존재감이라 표현하였다. 있는 자신 그대로를 인정해 주는 마음, 즉 나를 믿는 마음이 커지는 것이다. 하루의 계획을 세우고 그날 해야 하는 가장 중요한 일을 하나 둘씩 해내니까 만족하는 시간이 많아졌다. 그만큼 자존감도 점점 채워졌다. 나를 인정해 주고 믿어주는 힘이 강해졌다. 어느새 할 수 있는 사람이 되었다. 간혹 실수하거나 잘못되더라도 다시 시작하고 시도할 기회를 다시 주었다. 내가 나에게 말이다. 계획을 세운다는 것은 단지 시간을 잘 관리하기 위함도 아니요, 그냥 흘려보내는 시간을 할 일들로 채우기 위함도 아니었다. 삶에서 가장 중요한 '나'를 챙기기 위함이었다.

"나도 하고 싶은데 용기가 나지 않아요."
블로그 이웃이 적어놓은 댓글을 보며 내가 먼저 함께하자고 하는 것을 보고 나 자신이 낯설었다. 사람에게 곁을 안 주던 나였다.
"이번 다꿈스쿨 연말 행사 때 당신의 이야기를 들려주세요."
거절하는 대신 선뜻 해보겠다고 대답하는 나를 보며 나도 놀랐다. 많은 사람 앞에서 이야기하는 것은 꿈도 못 꾸던 나였다.

어느새 잘 모르는 사람과도 1~2시간 동안 이야기를 나눈다. 내 경험을 전해 주고 조언해 주는 나를 보며 알게 되었다. 마음의 근육이 단단해지고 있음을.

마음의 근육이 단단해진다는 것은 나를 믿는다는 것이다. 할 수 있도록 계획하니 실천할 수 있었다. 실천하게 되니 나 자신이 뿌듯했다. 점점 하고 싶은 것들도 생겼다. 하고 싶은 것을 실천할 수 있도록 계획하니 큰 고민 없이 바로 시작할 수 있었다. 내가 나를 믿게 되었다. 나도 할 수 있는 사람이란 것을 알게 되었다. 하고 싶은 일을 하며 살기 시작하니 내 눈빛이, 내 하루가, 내 삶이 빛나기 시작했다.

평소 일어나는 시간보다 딱 20분만 일찍 일어나 하루의 시간부터 먼저 계획하기 시작하니 빛나는 삶을 살게 된 것이다. 그날의 가장 중요한 일을 딱 1가지만 해보는 것부터 시작했다. 가장 중요한 일이 꼭 거창할 필요도 없었다. '내가' 정한 시간에 '내가' 정한 가장 중요한 일을 하는 것만으로도 '내' 삶의 주인이라고 느낄 수 있었다. 계획하는 날이 지속되니 어느새 나는 내 삶의 주인이 되어 갔다. 계획은 내 삶을 빛나게 해주었다.

06

나만의 아침 루틴

유현주

"와! 나 이런 사람이었나?" 지금 와서 돌아보니 참 멀리 왔다는 생각이 든다.

처음 '새벽 기상'을 하던 날이 생각난다. 우여곡절이 많았다. 처음 일어난 시간이 5시였다. 7시에도 겨우 일어났기에 알람을 10분 간격으로 3~4개씩 맞춰뒀다. '새마정' 리더인 부자마녀 님은 처음 시작할 때는 평소 일어나는 시간보다 10분만 빨리 일어나면 된다고 하였다. 그러나 10분 빨리 일어나서 세수하고 커피 내려서 잠 깨고 나면 할 수 있는 게 아무것도 없었다. 욕심을 부려 5시에 일어났다. 잠이 많은 나는 잠을 줄이니 새벽을 이겨낼 재간이 없었다. 그래서 평소보다 일찍 자려고 노력하였다. TV 보는 시간, 핸드폰 보는 시간 등 무심코 쓰는 시간은 과

감하게 버리고 일찍 침대에 누웠다. 새벽 일찍 일어나는데, 밤만 되면 잠이 오질 않았다. 몸은 오래된 습관을 기억하고 있었다. 머리맡에 두었던 핸드폰을 보고 싶은 마음이 정말 컸다. 핸드폰을 켜고 검색하는 순간 잠을 자지 못하고, 나를 통제할 수 없다는 걸 알기에 핸드폰은 꼭 해야 하는 일이 아니면 만지지 않았다. 읽던 책을 가지고 와서 읽기도 했다. 늦게 자고 늦게 일어나는 오래된 습관을 바꾸는 일은 생각보다 쉽지 않았다. 그래도 해야만 했다. '이거 아니면 안 된다!'고 비장한 각오까지 다졌다. 옛날로 다시 돌아가는 건 싫었다.

무작정 책을 읽었다. 책만 펼치면 하품이 나고 딴생각이 나서 샛길로 빠졌지만, 그래도 책상에 앉아서 책을 읽고, 어려운 부분은 몇 번씩 되돌아가 읽고 또 읽었다. 처음 읽은 책이 고영성, 신영준의 《완벽한 공부법》이었다. 두꺼운 책이었지만 완독하는 데 2주 걸렸다. 아이 어릴 때 책 읽어준 게 다여서 책 읽는 건 익숙하지 않고 어색했다. 책 읽는 습관을 들이려고 점심 식사 후 동료들과 커피 마시며 수다 떨기보다는 10문 책 읽기를 하면서 책과 친해지려 노력했다. 외출할 때도 항상 책을 들고 다녔다. '새마정' 멤버들이 읽는 책을 따라 읽기도 하고 베스트셀

러도 읽었다. 독서에 대한 갈증도 있었지만, 아이에게만 책을 읽으라고 다그치는 엄마가 아닌 책 읽는 모습을 아이에게 보여주고 싶었다. 책에 대한 갈증은 '새마정' 멤버들도 있었다. 부자마녀님께 독서 모임을 만들어 달라고 제의를 했다. 그렇게 '마음 부자 독서클럽'이 생겨났다. 우리는 매주 1권씩 책을 읽고 독서 모임을 했다. 책 읽는 시간이 느렸지만, 1주일 동안 한 권은 읽으려 노력했다. 온라인 줌으로 만나서 멤버들과 책 이야기, 근황 이야기를 했다. 2년 동안 '마음 부자 독서클럽'과 함께 책 읽는 습관을 만들었고 자기 계발, 재테크, 육아, 부동산, 인문 서적 등 여러 분야의 책을 편식 없이 읽었다.

'새벽 기상'을 하면서 배우고 싶은 것들이 많아졌다. 현실은 아내, 엄마, 직장인으로 바쁘게 살고 있었다. 시간 배분을 하지 않으면 그 모든 것을 해낼 수 없었다. 시간을 관리하지 않고 살았는데, 배우고 싶은 것들이 많아질수록 시간 관리가 필수였다. 매년 새해가 되면 다이어리를 사서 날짜도 적고, 마스킹 테이프를 붙이며 다이어리를 꾸몄다. 쓰다가 한 달도 못 가서 내버려 뒀다. '새벽 기상'을 하면서 다이어리를 꾸미기보다 플래너에 일정과 세부 목표를 세우고 시간 관리를 했다. 새벽에 전날 하루를 잘 보냈는지 체크하고, 오늘 중요 일정을 확인하기 시작했다. 버리는 시간이 없는지 확인하고, 틈새 시간을 이용해서 할 수 있는 일정들도 넣어두었다. 플래너로 일정과 시간 관리를 하면서 회사업무 능률도 오르고, 크고 작은 실수들도 많이 줄었다. 플래너에 매달 만들고 싶은 좋은 습관들도 점검하면서 생활의 전반적인 부분을 관리했다. 처음에는 플래너 쓰는 방법을 몰라 막막하고 시간이 오래 걸렸다. 플래너 쓰는 방법도 배우고, 매일 쓰다 보니 습관이 되어 많은 시간을 들이지 않고 시간을 관리하는 사람이 되었다.

늘 불평불만이 많았다.
"네가 이래서 내가 그랬어!", "너 때문이야!", "왜 이렇게 엄마 마음을 몰라."
나 혼자 피해자였고 나만 억울했다. '때문에' 병에 걸려 표정은 늘 그늘져 있었다. 내 마음속 부정적인 생각을 없애고, 남 탓하는 나쁜 습관을 바꾸려 플래너에 감사 일기 3가지를 적기 시작했다. 처음 감사 일기를 적을 땐 1가지 적는 것도 너무 어려웠다. 무엇을 적을지 몰라 막막하기만 하여 플래너를 쳐다보며 눈만 껌벅거렸다. '늦게 잤는데도 일찍 일어나 감사합니다',

'아이가 저녁을 맛있게 먹어 감사합니다', '날씨가 맑아서 감사합니다' 등 이렇게 소소하게 가족들에게 감사한 일, 사소한 일들을 감사 일기로 적기 시작했다. 한동안 감사 일기 적기 챌린지에 참가하여 참가비를 미혼모 시설에 기부도 했다. 짜증내는 횟수가 점점 줄어들었다. 여러 가지 일들을 감사하게 생각했다. 나의 마음도 긍정적으로 변하고 가족들, 지인들도 따뜻한 시선으로 다가왔다. 감사가 복리로 돌아왔다.

회사를 퇴사하고 싶었다. 그래서 시작한 '새벽 기상'이었다. 독서, 시간 관리, 돈 관리에 중점을 두었다. 가계부를 적고 신문을 꾸준하게 보고 있다. 가계부도 작심삼일로 끝나는 경우가 많은데 새벽 루틴에 넣어서 매일 적었다. 5~10분이면 충분하게 가계부를 관리할 수 있게 되었다. 3년 동안 가계부를 적으면서 지출을 관리하며 저축도 하였다. 처음 신문 보는 건 너무 힘들었다. 경제용어가 어렵고 모르는 단어가 많아서 기사 하나 읽는데도 시간이 오래 걸렸다. 부자마녀님 코치대로 욕심내지 않고 하루에 기사 하나만 읽자는 마음으로 시작했다. 매주 일요일 저녁, 가계부 모임 친구들과 돌아가며 경제 기사 1개를 발췌하여 발표하고 있다. 발표 준비를 하다 보면 자연스럽게 공부하게 된다. 아직도 모르는 단어가 많지만 꾸준하게 읽은 덕분에 뉴스에 나오는 단어들, 각종 경제 방송들이 조금씩 들리기 시작했다.

알람 소리를 듣고 일어나 세수하고 커피를 타서 책상에 앉는다. 플래너로 일정을 체크하고, 감사 일기를 쓰고, 책을 보고 강의를 듣는다. 가계부를 적고 신문을 보면 아침 3시간이 빠르게 채워진다. 어두운 새벽 모두가 잠든 시간에 집중하여 루틴들을 채우고 나면 오늘도 나를 이기고 시작하였다는 기쁨에 하루가 즐겁다. 다른 누구도 아닌 나를 이기고 시작하는 하루, 어제보다 나은 하루를 시작하는 지금, 이 순간이 뿌듯하다. 단순하고 지루한 루틴들을 매일 반복하고 있다. 새벽에 일찍 일어나는 비결은 없다. 나의 목표가 일어나게 만든다. 이런 하루들이 모여 나의 성장 밑거름이 되고 있다. 자신감과 용기를 심어주는 큰 힘이 되고 있다. 오늘도 이불을 박차고 일어난다.

07

인생 공부

안선민

왼쪽 팔꿈치부터 손가락 끝까지 저렸다. '내가 무리해서 일했나. 며칠 쉬면 괜찮을 거야.' 일하면서 10분씩 스트레칭도 하고 자리에서 일어나서 걷기도 했다. 하지만 통증은 점점 심해졌다. 왼쪽 목덜미가 아프고, 왼뺨의 감각까지 이상했다. 불편한 기분이 지속되어 바로 한의원을 찾았다. 침 몇 번 맞고 나면 통증도 가라앉겠지 싶었다.

진맥하던 의사 선생님의 표정이 어두워졌다. 한참 더 맥을 짚으시더니 바로 MRI를 찍어보란다.

'MRI? 그런 건 많이 아픈 사람들이나 찍는 거잖아. 나는 단지 왼쪽 몸이 불편한 거야. 잠깐 일을 좀 무리했을 뿐이라고.'

덜컥 겁이 났다. 며칠 치료받으면 괜찮을 줄 알았는데, 그게 아니라니 머릿속에 '시한부'라는 단어가 맴돌았다. 두려웠다. 집으로 돌아오는 발걸음이 무거웠다. 이미 집 앞에 도착했는데 차에서 내리지 못했다. 집에 가서 아이들 얼굴을 볼 자신이 없었다. 가족들에게 뭐라고 말해야 할까. 그 걱정부터 앞섰다.

"MRI를 찍어보래요. 저 어떻게 해요."

친한 부장님에게 전화를 걸었다. 핸드폰을 부여잡고 하염없이 울었다. 한결 후련해졌다. 별일 없겠지, 가슴을 쓸어내렸다. 며칠 고민하다가 언니에게 먼저 말했다. 엄마는 크게 걱정하실 테고, 그나마 언니가 편했다.

"네가 지금 그렇게 버티는 것도 대단한 거지. 아픈 게 정상이야."

당연하다는 듯 무덤덤했다. 언니는 나에게 자초지종을 듣고 상황을 정리했다. 마음의 병 때문이라고.

시작은 돈이었다. 남편과 매일 다퉜다. 정글의 사자처럼 몇 달 동안 으르렁거렸다. 우리는 아이들의 엄마와 아빠로서 그 역할에만 최선을 다하기로 했다. 친정, 시댁과의 관계도 틀어졌다. 주말이면 놀러 가던 친정도, 가까이에 살고 계신 시댁도 긱자 맡기로 했다. 남편, 아이들, 다른 가족들과도 잘 지내고 싶었는데 생각처럼 쉽지 않았다. 마음속으로 '끝'이라고 선을 그었다.

관심도 주지 않겠다고 결심했다. 남편 앞에서 괜찮은 척했다. 내가 이렇게 결단하면 남편이 달라질 거라고 믿었다. 상황도 남편도 그대로였다. 나도 변하지 않았다. 항상 그래왔듯이 속상하면 가슴에 묻기만 했다. 마음이 아팠고, 이제 몸도 따라 아파졌다.

일주일 후 병원을 찾았다. MRI 촬영실 앞에 대기했다. 둘러보니 나이 드신 어르신들이 대부분이었다.

'내가 같은 곳에 앉아 있다니….'

눈물이 났다. 무서웠다. 우려가 사실이 될까 봐 겁이 났다. 촬영을 마치고 진료실로 향했다.

"별다른 이상소견이 없네요."

촬영하는 내내 상상했다. 뇌로 가는 혈관이 막히거나 종양이 있을 거라고. 크기는 얼마나 될까? 지금 상태는 어떨까? 앞으로 어떻게 해야 할까? 등등 내가 감내해야 할 고통을 생각했다. 어쩌면 내가 병들어 있기를 바랐는지도 모르겠다. 내게 병이라도 생긴다면 남편과의 다툼도 멈출 거고, 어색해진 가족들과의 관계도 예전으로 돌아갈 수 있지 않을까.

깨끗했다. 어떤 흔적도 없었다. 더 살아도 된다고 누가 내게 말해 주는 것 같았다. 어떻게 해야 할지 몰랐지만, 딱 한 가지 머릿속에 맴돌았다. 잘 살자. 잘 살아내자. 내가 언제 죽든, 그때는 지금처럼 아쉬워하지도 후회도 하지 말자. 내 마음이 말하는 걸 따라가자. 이제 내 삶을 허투루 쓰지 말자고 다짐했다.

"전 아무거나 괜찮아요. 먹고 싶은 걸로 골라요. 저도 그거 먹을게요."

다른 사람과 식사할 때마다 내가 하는 단골 멘트다. 내가 아무거나 잘 먹어서 그런 게 아니다. 내가 먹고 싶은 메뉴를 골랐을 때, 직접 먹어본 후 맛이 없으면 곤란하니까 메뉴선택을 항상 다른 사람에게 떠넘겼다. 차라리 맛없는 메뉴를 고른 상대를 탓하지 나를 탓하고 싶지 않았다. 괜히 큰 잘못을 한 것 같아서다. 자연스럽게 그런 행동이 남을 위한 '배려'라고 생각했다. 다른 사람에게 선택권을 주면 자신을 배려한다고 느낄 테고, 나도 사랑받을 수 있다고 여겼다. 그건 진정으로 나를 위한 일이 아닌 데 말이다.

항상 눈치 보며 살았다. 가족들이 속상할 때, 친구가 상처받을 때, 동료가 일이 많을 때면 나 때문일까 아니면 내가 무엇을 도와줄 수 있을까 그것만 생각했다. 나도 힘들고 나도 해야 할 일에 바쁜데. "네가 그렇게 말해주니 고맙다. 네가 도와주니 힘이나!"라는 말을 듣고 싶었다. 내가 뭐라도 된 듯이 어깨가 으쓱했다. 내가 잘하고 있다고 생각했다. 병원 문을 나서면서 결심했다. 이제 나를 더 챙기겠다고. 혼자만의 상상이었지만, '죽음'이라는 단어를 마주하니 내가 쫓아야 하는 게 무엇인지 분명하게 보였다.

'나', 내가 먼저다.

"부장님, 저는 먼저 퇴근하겠습니다. 아직 아이들이 유치원에 있어요. 먼저 가서 죄송해요."

죄송하다고? 갑자기 초과근무를 하게 되었다. 이미 아이들 하원 시간은 훌쩍 지났다. 부리나케 일을 끝냈다. 동료들은 이미 퇴근했고, 나도 이제 퇴근하려는데 남아서 일을 마무리하려는 부장님이 안쓰러웠다. 마음이 쓰일 일인데 왜 죄송하다는 말이 나왔을까? 내가 먼저 퇴근하는 게 잘못이라고 생각했다. 그날 나 역시도 내가 해야 할 일을 모두 끝내고 퇴근하는 건데, 내가 먼저 가는 게 부장님에게 일을 남겨주는 거라고 착각했다. 평소 말버릇이 엉뚱하게 나에게 잘못을 뒤집어씌웠다.

"부장님은 퇴근하지 않으시니 마음이 쓰여요."

이제는 어떤 감정을 담아 말을 할 때 한번은 꼭 생각해본다. 그게 정말 내 마음인지, 다른 사람의 인정을 받기 위한 마음인지 말이다. 되도록 내 진짜 마음을 표현하려고 연습한다. 다른 사람을 배려해서 내뱉은 말이 나에게 상처가 되지 않도록 말이다. 바쁜 시간 속에서도 이렇게 나를 되돌아볼 수 있는 건 새벽이 있어서다. 하루 동안 내가 하는 말, 내가 하는 행동을 매일 들여다본다. 내가 나를 지키고 성장할 수 있도록 사색한다. 너무 좋다. 덕분에 내 마음도 몸도 건강해지고 있다. 오늘도 노트를 펴고 내 마음을 적어 내려간다.

08

글 쓰며 생각하며

정혜정

'인증하라고?' 나의 첫 글은 블로그에 '새벽 기상'을 인증하는 글이었다. 두 주먹 불끈 쥐고 이제부터 난 새벽형 인간이라고 다짐했다. 아무리 결심해도 3일, 일주일을 못 갔다. "추우니까 딱 5분만 이불 속에 있어야지!" 하다가 그대로 꿈나라로 직행했다. "몸이 안 좋으니까 내일부터 해야지!" 하는 날이 많아졌다. 새벽에 못 일어나는 이유는 자꾸만 늘어만 갔다. 혼자서 '새벽 기상'을 하다가는 계속 작심삼일이 될 것 같았다. '새마정'이라는 '새벽 기상' 모임을 시작했다. '새마정' 사람들과 단체 카톡 창에 기상 시간을 인증했다. 약간의 '강제성'이 '5분만'을 이기는 날이 많아졌다. 그런데 그 '새마정'에서 자꾸 무슨 미션을 주는 게 아닌가? 내가 무슨 007도 아니건만 '새벽 기상' 1주 차, 2주 차 느낀 점을 쓰라고 하지를 않나?

‘새벽 기상’을 하는 이유를 쓰라고 하지 않나? 내가 좋아하는 것, 잘하는 것 100가지를 쓰라고 했다. 처음에는 이걸 쓰라고? 하던 ‘미션 임파서블’들이 또 키보드 앞에서 한숨을 푹푹 쉬다 보면 어느새 ‘미션 파서블’이 되곤 했었다.

처음에는 “누가 내 블로그 글을 읽겠어?”라는 가벼운 마음으로 쓰기 시작했다. ‘저녁형 인간의 새벽 기상 고군분투기’, ‘새벽 기상 일주일째, 30일째’라는 제목들이었다. ‘새벽 기상을 하면서, 또 늦잠을 잤네. 나는 왜 이럴까? 그래도 꾸준히 해보자’ 등의 글들이었다. ‘새벽 기상’도 처음에는 힘들 듯이 새벽 글쓰기 역시 처음에는 쉽지 않았다. 멍하니 컴퓨터 모니터를 바라보다가 괜히 딴 길로 새서 인터넷 검색을 했다. 글 몇 줄을 두 시간 넘게 붙들고 썼다가 지우기를 반복했다. 글을 쓰려고 키보드 앞에 끈덕지게 앉아 있는 것 자체가 힘들었다. 글이 막힐 때마다 잠깐 커피 한 잔 타러, 허리 아프다는 핑계로 잠깐 소파에 누웠다. 글만 쓰려고 하면 그 ‘잠깐만’이 내 피 같은 새벽 시간을 자꾸만 갉아먹고는 했다. “뭐 하자고 이 새벽에 키보드 앞에서 끙끙거리고 있을까? 고3 때도 못 이겼던 새벽잠을 나이 마흔이 넘어서 이기려고 애를 쓰고 있을까?” 나는 나에게 던졌던 모든 물음표를 글로 옮겨 적었다. 전에는 머릿속에만, 마음속에만 떠돌고 엉키기만 했던 물음표들. 물음표만 휙 던지고 바쁘다는 핑계로 묻어두었던 질문들. 더는 질문들만 가득한 인생 시험지를 백지로 내기 싫었다. 이 답은 나만 쓸 수 있고, 내가 써야만 하는 답들이었다. 마음속에 떠다니는 질문에, 새벽에 답을 한 글자씩 적어 내려가기 시작했다.

'새벽 기상'도 일주일, 한 달, 100일씩 쌓이면서 자신만의 루틴이 생긴다. 새벽 글쓰기도 이런 시행착오를 겪으면서 나만의 루틴이 생겨나기 시작했다. '새벽 기상'은 전날 저녁부터 시작된다. TV, 스마트폰으로 잡아먹는 저녁 시간을 포기하는 준비가 필요하다. 새벽 글쓰기 또한 사전 준비가 필요하다. 무슨 글을 쓸지 새벽에 번쩍! 하고 떠오르면 좋으련만, 그런 기적을 기대하는 것보다는 차라리 틈틈이 글감을 메모해 두면 좋다. 나는 주로 운전하다가 "이것을 쓰면 좋겠다."고 떠오르는 순간이 많았다. 그때는 잠깐 주차를 하고 바인더에 적는다. 급할 때는 핸드폰에 메모하거나 녹음해 둔다. 상담하다가 내 마음속에 남는 대화들, 미처 전하지 못했던 말들, 복잡한 마음들을 메모해 둔다. 이런 메모들이 좋은 글감이 된다. 하루 중에 틈틈이 글감

들을 모아둔다. 그 메모들이 새벽 글쓰기로 이어지면 수월하게 새벽 글쓰기를 할 수 있다. 블로그에 글을 올리거나, 컴퓨터로 글을 쓰기 전에 수기로 어떻게 쓰면 좋을지 대충 얼개를 짜보기도 한다. 아직도 나는 키보드로 두들기는 글쓰기보다는 손으로 끄적거리길 좋아한다. 노트에 적다 보면 생각이 정리된다. 빈 종이에 스케치하듯이, 목차를 잡아가면서 글의 윤곽을 잡아간다. 글쓰기를 '손 명상'이라고 했던가? 글을 쓰다 보면 마음속에 복잡한 실타래처럼 꼬여있던 무언가가 스르륵 풀리는 느낌이 든다. 그 실타래들이 뼈대를 만들고, 좋은 글 한 편을 만들어 낸다.

퇴근해서 집에 오자마자 부리나케 싱크대 앞에 선다. 아이 저녁상을 차려내고 후다닥 설거지를 해치운다. 소파에 앉으면 아무것도 하고 싶지 않다. 만사가 귀찮고, 나를 돌보는 것마저 사치로 느껴지는 순간이다. 아무 생각 없이 흘러가는 TV 속 화면으로 숨고 싶다. "새벽에 일찍 일어난다고 내 인생이 바뀌겠어?" 자신을 의심하는 순간이 온다. 새벽 시간 글쓰기는 그런 순간들을 이겨내는 매일 다짐의 기록이고, 스스로를 응원하는 시간이었다. "나부터 돌보자. 나를 믿자. 내가 원하는 삶을 살자.”라고 꾹꾹 눌러 적었다. 엄마, 아내, 미술치료사라는 역할로 ‘내’가 희미해질까 봐 힘주어 적어 내려갔다. 그렇게 적어 내려간 글들이 “그렇게 피곤하면 새벽에 그냥 자. 새벽 5시에 일어난다고 뭐가 달라져? 우리 나이에 그렇게까지 해야 해?”라는 다른 사람의 질문에 답이 되어 줬다. ‘새벽 기상’ 100일째, 200일째. 새벽 시간이 쌓이면서 글들도 쌓이기 시작했다. 흐릿하고 막연했던 것들이 글을 쓰면서 명확해졌다. 내가 왜 ‘새벽 기상’을 하게 되었는지, 나를 위한 시간이 왜 필요했는지, 무엇을 하고 싶은지, 어떤 삶을 살고 싶은지…. 막연한 생각들이 단단한 뼈대를 갖추기 시작했다. 어쩌면 글쓰기도 운동과 비슷하지 않을까? 처음 운동할 때는 여기저기 쑤시는 근육통에 더 피곤한 느낌마저 든다. 운동을 한다고 하루 이틀 사이에 근육이 생기지 않는 것처럼, 글쓰기 또한 많은 시간과 반복이 쌓여야만 단단한 글쓰기 근육이 생긴다. 글쓰기도 처음에는 몇 줄 쓰기도 어렵고 시간도 많이 든다. 그렇게 공들여 쓴 글을 읽어보면 ‘휴’ 하고 한숨만 나온다. 새벽 시간에 하지 않았더라면 글쓰기를 포기하지 않았을까 싶다. 하지만 새벽이기에, 그저 나를 위한 시간이기에 한숨이 나오는 실력이어도 결과에 상관없이 그저 꾸준히 정해진 시간에 글쓰기를 할 수 있었다. 계속 시간을 들이고 반복해서 글을 썼다. 그 글들이 쌓이기 시작하면서 조금씩 나는 단단해지고 있었다.

새벽 글쓰기는 상황에, 다른 사람에게 흔들리지 않는 단단한 나로 만들어 주었다. 내가 좋아하는 것이 무엇인지, 앞으로 어떤 일을 하고 싶은지 나만의 목표를 선명하게 보여줬다. 예전에는 막연하게 바쁘기만 했다. 숨 고를 새 없이 바빴는데, 지나고 나면 왜 바빴는지 기억나지 않았다. 경주마처럼 앞만 보고 달리면서 어디로 가고 있는지? 제대로 가고 있는지 불안했었다. 새벽 글쓰기를 하면서 어디로 가고 싶은지가 보이기 시작했다. 앞만 보고 뛰는 게 아니라, 내가 원하는 방향으로 한 걸음씩 내딛기 시작했다. 새벽에 글로 적었던 하고 싶은 일들을 하나씩 해나가는 하루로 바뀌었다. 끙끙대면서 써 내려간 글은 글로만 머무르지 않았다. 그 글이 내 말이 되었고, 하루를 담아내는 내 마음이 되었다. 내가 꿈꾸는 목표가 되었고, 내 삶이 되었다.

'새벽 기상'의 힘으로
다른 사람에게서가 아닌 나에게서
희망을 찾았다.

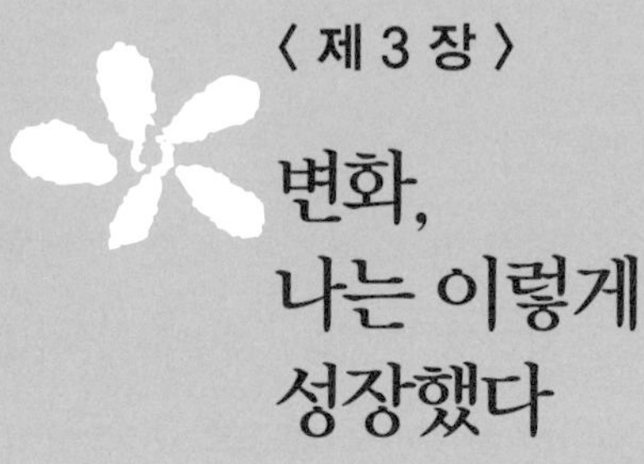

변화,
나는 이렇게
성장했다

죽고 싶었던 날들을 뒤로 하고

안선민

왜 또 이런 일이 생긴 거지? 남편이 불안해하는 나를 이해해 줄 거라고 믿었다. 사랑하는 아내가 힘들어하는데 당연한 거 아냐? 하지만 그럴수록 내가 먼저 이해하고 다가가야 한다는 걸 몰랐다. 남편이 나에게 이해해 줄 수 없냐고 말했듯이 남편이 먼저 나를 이해해 주기만 원했다. 서로에 대한 기대치가 높아서 그렇겠지.

"왜 돈이 마이너스예요?"

어느 날 남편과 같이 은행 계좌를 확인할 때였다. '주택담보대출'이라는 계좌가 눈에 띄었지만, 잔액 앞에 붙은 (-) 표시에 놀랐다. 불과 몇 개월 전까지 우리가 상환했던 집 대출금의 몇 배가 되는 금액이라 더 놀랐다. 나는 분명히 돈을 다 갚았는데

이게 뭐지? 내가 의아해하자 남편이 조심스럽게 말을 꺼냈다. 나에게 말하지 않고 아주버님에게 빌려준 돈이라고. 형이 갚아줄 거니깐 걱정하지 말란다. 물론 그렇겠지, 당연히 그래야지. 며칠 동안 아주버님이나 형님의 연락을 기다렸다. 내가 알게 되었으니 언제까지 돈을 갚겠다거나 미처 말하지 못해서 미안하다고 말하기를 기다렸다. 하지만 내가 연락할 때까지 누구도 내게 먼저 연락하지 않았다. 물론 매달 정해진 상환금액이 남편 통장에 입금되었다. 그건 당연하다고 생각했다. 우리보다 더 잘 사는 형님네가 그 돈을 굳이 우리에게 빌려야 했는지, 욕심으로밖에 보이지 않았다. 오해가 풀리려면 어떤 말이라도 해야 할 텐데, 중간에서 말로만 나를 안심시키려는 남편의 태도도 마음에 들지 않았다. 하지만 내가 알고 있으니 어떻게든 해결되겠지, 기다려보기로 했다.

"결혼 준비할 때 낸 빚이 있어요."
남편과 만났을 때 호탕한 성격이 맘에 들었다. 남편도 적극적으로 구애했고, 나 역시 괜찮아서 결혼을 결심했다. 결혼자금으로 모은 돈이 없었다는 게 문제였다. 남편에게 집이 있었으니 나도 혼수를 잘하고 싶었다. 결국 빚을 내서 혼수를 준비했다. 그걸 육아휴직을 하면서 남편에게 털어놓았다. 물론 지금은 엄마가 갚아주셨지만, 내 이름으로 된 빚이 있었다는 걸 숨기기가 꺼림직했다. 남편은 갑자기 결혼했으니 그럴 수 있다며 내 상황을 이해해 주었다. 참 고마웠다. 앞으로 내가 더 잘하겠다고 마음먹었다. 그런 남편이 나에게 말하지 않았다. 나를 속였다. 배신감에 잠도 오지 않았다. 왜 나한테 말하지 않았지? 이해할 수 없었다. 내가 먼저 비밀을 털어놓고 난 뒤라 당당했던 것 같다. 왜 그랬냐며, 언제 해결할 거냐고 남편을 다그쳤다. 가만히 있는 남편에게 점점 화가 났다. 사실은 그게 내 과거에 대한 두려움이라는 걸 그때는 몰랐다.

어릴 적, 아빠가 외삼촌과 3년 정도 같이 일하셨다. 그러던 어느 날, 아빠가 원래 하시던 일을 다시 시작하셨다. 외삼촌 집에서 사촌들과 노는 일도 뜸해졌다. 누가 말해 주지 않아도 아빠와 외삼촌의 관계가 멀어졌다는 게 느껴졌다. 얼마 뒤, 외숙모와 통화하는 엄마의 표정이 어두워졌다. 사업이 어려워진 외삼촌이 여기저기서 돈을 빌렸는데, 그 돈을 기한 내에 갚지 못한 것이다. 엄마도 문제였다. 다른 사람에게 돈을 빌려서 외삼촌 사업 자금을 보태준 것이다. 결국 사업은 망했고, 사촌들이 살던 집도 다른 사람에게 넘어갔다. 외삼촌이 도망갔다. 엄마가 외삼촌에게 빌려준 돈은 오롯이 우리 빚이 되었다. 화목했던 우리 집이 그때부터 싸움터로 변했다. 나는 절대 빚지지 않겠다. 남에게 돈을 빌려주는 일도 하지 않을 것이다. 늘 마음에 새겼다. 어렸지만, 이것 하나만큼은 확실하게 배웠다.

'우리 아이들도 나처럼 자라게 되면 어쩌지?'
아주버님과의 일을 듣자마자 그때 일이 떠올랐다. 우리 빚이구나. 외삼촌으로 인해 생긴 빚 때문에 힘들었던 우리 가족, 내가 생각났다. 남편을 재촉할 수밖에 없었다. 내가 외벌이때 절약하며 갚았던 돈보다 많은 돈이 남편의 이름으로 된 빚이라니 환장할 노릇이었다. 나와 아주버님 사이에서 분명하게 선을 긋지 못하는 남편이 미웠다. 아무런 말과 행동도 하지 않는 가족들도 미웠다. 똑같은 상황이 반복될까 봐 두려웠다. 남편에게 수없이 말했지만, 늘 아주버님을 대변하는 남편의 태도에 미칠 것 같았다.

헤어지고 싶었다. 내 마음을 몰라도 너무 몰라주는 남편에게 서운했다. 내가 이상한 거라고 말하는 남편을 볼 때면 정말이지 같이 살고 싶지 않았다. 친정, 시댁과 소원해진 관계도 남편과 헤어져야 하는 이유를 하나 더 보탰다. 남편은 해결된다는 말만 하고, 친정에도 시시콜콜 말할 수 없고, 시댁에는 가기 싫고 참 외로웠다. 그 외로움을 새벽에 토해냈다. 상처받아 무너진 내 마음을 다독이기 위해 일기를 썼다. 남편과 마음을 나누고 싶고, 부자가 되고 싶어서 책을 읽었다. 힘든 마음을 따라서 아픈 몸을 돌보려고 운동도 했다. 이 모든 걸 새벽에 했다. 그때만이 온전히 내가 숨 쉴 수 있었기 때문이다.

"엄마는 왜 할머니 집에 안 가?"

어려서 모르겠지 싶었다. 어릴 적 아빠 앞에서 외삼촌 얘기를 꺼내는 게 불편했는데, 지금 큰아이도 나와 같은 마음일까? 될 수 있는 대로 남편, 시댁에 대한 속상한 마음을 아이 앞에서 드러내지 않는다. 나는 상처를 받았지만, 아이들에게는 사랑하는 아빠, 고마운 할머니일 테니깐. 그들의 소중한 관계를 깨뜨리고 싶지 않다. 이해받기 위해서는 내가 먼저 상대방을 잘 이해해야 한다는 걸 안다. 내가 잠시 불편해도 아이 앞에서는 티를 내지 않는 건 그 때문이다. 괜찮다. 그런 마음은 새벽에 털어놓으면 되니깐.

가정을 지키기로 했다. 한참을 돌아왔지만, 지금 나는 다시 잘 살아 보고 싶다. 남편과의 관계도 회복하고, 아이들도 잘 키우고 싶다. 아이들이 컸을 때. 너희들 때문에 엄마가 참고 산 게 아니라 엄마가 힘든 시기를 잘 이겨내서 우리 가정을 지키고 싶었노라고 말하고 싶다. 잘 살아낼 것이다. 아픈 삶도 극복할 것이다. 내가 원하는 행복한 삶을 만들 것이다.

당당하고 멋있게

황선영

"엄마 요리가 최고야!"

세상 어떤 칭찬보다 기분 좋은 말이다. 살면서 더한 칭찬도 많았을 텐데, 요즘 이 말이 참 좋다. 여섯 살 딸이 엄지를 치켜세우며 해주는 말이다. 아무리 힘이 들어도 딸아이의 이 한마디에 살아갈 힘을 얻는다. 아이에게만큼은 좀 더 멋지고 당당한 엄마이고 싶다.

육아를 블로그로 했다. 아이가 아파도 블로그를 검색했고, 아이에게 필요한 게 있어도 블로그를 찾았다. 자연스럽게 블로그 세상을 여행하다 보니 많은 다양한 사람들이 있었다. 평범하다고 말하지만, 비범한 사람들이 가득했다. 그들이 습관으로 만들었다는 새벽 3시 기상은 내게는 너무도 먼 이야기다. 일주일에 최소 한 권의 책을 읽고, 많게는 몇 백 권씩 책을 읽는 사람들이 많았다. 부러워만 하고 있기에는 내 나이가 너무 많다. 예전에는 사람들이 그 결과를 만들기 위해 얼마나 애를 썼는지, 과정은 보지 않고 결과만 보며 부럽다는 말을 쉽게 했다. 이제는 그 결과를 얻기 위해 얼마나 피나는 노력을 했을지, 얼마나 많은 것을 포기하고 이루어 낸 결과인지를 안다. 그렇기에 마냥 부러워만 할 일이 아닌 줄 알면서도, 부러웠다.

나에게도 크고 작은 좌절과 결핍이 분명 있었다. 그렇지만 어려서부터 긍정적인 말을 많이 듣고 자란 덕분에 자존감이 높았다. 내가 원하면 무엇이든지 다 이루어낼 것 같았다. 하고 싶은 건 무조건 도전했다. 아이를 낳기 전까지는.

부러운 그들을 보면서 나는 왜 잘하는 게 없는지, 나에게 주신 달란트가 도대체 무엇인지 몰라서 답답했다. 그동안 잘 지켜왔던 자존감이 그렇게 무너졌다. 아이에게 엄마는 온 우주인데 자존감이 없는 엄마로 있을 순 없었다. 부러워할 게 아니라 그냥 따라 하면 된다고 했다. 나도 그들처럼 살겠다고 선언하고 따라 하기로 했다.

코로나19 이후 좋은 강의를 편하게 들을 수 있게 됐다. 새로운 시대를 준비한다는 마음으로 많은 강의를 들었다. 많은 사람의 멘토가 된 지금의 그들도 대부분은 과거에 자존감이 낮았다고 말했다. 낮았던 자존감이 미라클 모닝, 운동, 재테크, 글쓰기 같은 성공 습관이 생기면서 자연스럽게 높아졌고, 자신감이 생겼다고 했다. 이웃집에 있을 법한 그들이 말한 대로 '새벽 기상'을 시작했다. 새벽에 일어나 책을 읽고, 혼자만의 시간을 만들었다.

독서 속에서 지혜와 실행 방법을 얻었고, 독서 모임과 새벽 기상 모임으로 사람을 얻었다. 응원하고 격려해 주시는 분들이 생겼다. 신나게 도전은 하지만 늘 끝은 보지 못하는 나였다. 새벽 3시는커녕 새벽 5시에 일어나는 것도 내게는 버거웠다. 계속 실패라 생각하니 그만하고 싶어졌다.

결국은 사람이었다. 함께하는 분들 덕분에 포기하지 않을 수 있었다. 용두사미가 된다고 아예 도전하지 않으면 아무 일도 일어나지 않는다. 한 달에 15일만 성공해도 반 뼘은 성장한 것이다.

아이에게 엄마는 새벽에 일어나서 책을 읽는 사람이 됐다.

"엄마, 오늘도 새벽에 일어났어?"

당당하고 멋지게 대답했다.

" 그럼~ 오늘도 엄마는 새벽에 일어나서 책 읽었지!"

부모는 아이의 거울이다. 내가 하는 많은 걸 그대로 따라 하고 배운다. 아이를 잘 키우고 싶다면, 부모가 아이의 좋은 본보기가 되어 주어야 한다는 걸 엄마가 되고서야 알았다. 어린 나이에 엄마가 되었다면 이런 사실을 모른 채 아이를 닦달하며 키웠을지도 모른다. 늦은 나이에 아이를 키우니 여유가 있다. 아이를 기다려 줄 수 있는 여유, 응석을 받아 줄 수 있는 여유, 그리고 아이에게 바라는 걸 내가 한 발짝 앞서 보여주는 여유다. 이 여유가 나를 더 당당하고 멋진 엄마가 되게 해 준다.

타인의 삶을 부러워하고 비교하면서 무너져 내린 자존감은 새벽 기상 과 독서, 그리고 글을 쓰면서 자연스럽게 높아졌다. 충분히 나름대로 나만의 길을 잘 걸어가고 있다. 시선을 타인이 아닌 나에게 집중하면 되는 것이었다. 타인의 삶이 아닌 어제의 나와만 비교한다. 어제보다 한 뼘 더 성장하는 나를 만나면 그걸로 충분하다. 당당하고 멋진 인생이다. 딸에게 나는 최고의 엄마다.

부자가 될 겁니다

서미숙

'새벽 기상'에 재미를 들이기 시작했다. 창문을 열어 잠을 깨운다. 물을 끓여 둥굴레를 두어 개 넣었다. 향이 좋다. 머리가 맑아진다. 타임 스탬프로 인증사진을 찍어두고 책을 펼쳤다. 졸음이 오면 서서 읽기도 한다. 신문은 소리 내 읽으니 눈에 잘 들어온다. 하루에 새벽 4시를 두 번 만나 내가 원하는 걸 이룰 수 있겠다는 확신이 섰다. 독서 모임에서 새벽 4시는 스님이 예불 드리는 시간인데 우리가 일어난다고 이야기한 적도 있다. 아침에 쓰는 일기는 기분이 좋아진다. 매일 기록하며 적는 습관도 '새벽 기상'으로 만들어진 습관이다. 새벽 시간은 눈 깜짝할 새 지나간다. 책을 읽다 보면 2시간이 훌쩍 넘어간다. 부자의 꿈이 생겼을 때 먼저 목표를 설정하고 계획을 세웠다. 책을 50권 읽으니 독서 하는 습관이 잡혔다. 첫 책은 멘토가 권하는 책을 읽었다. '새벽 기상'에 재미 들였듯이 독서에도 서서히 재미가 생겼다.

성공한 이들을 따라 하기로 마음먹었다. 혼자서는 방법을 모른다. 나를 부자로 만들어 줄 멘토를 찾아야 했다. 누구도 알려주지 않았다. 인터넷 검색 창을 기웃거렸다. '부자'라고 검색하면 부자가 되는 방법이나 돈 버는 방법이 나온다. 절약해서 종잣돈을 모으라고 제시한다. 가계부를 쓰며 식비를 줄였다. 4인 가족이 일주일에 7만 원으로 살았다. 많이 벌 수 없으니 절약하는 방법밖에 없었다. 그즈음에 읽었던 《절박할 때 시작하는 돈 관리비법》에서 방향을 제시해 주길 바랐다. 신용카드 이야기가 나온다. 없애라는 이야기에 가지고 있던 신용카드 4장을 모두 잘랐다. 절실했다. 부자라는 목적지에 빨리 달려야 한다는 생각에 마음이 급했다. 발걸음에 속도를 냈다. 언제까지 할 것인지 마감 기한을 정했다. 목표를 부자라고 크게 잡고 내가 이룰 수 있는 목표를 적어봤다. 불가능한 목표도 적었다. 적은 후 목표 액수를 설정했다, 얼마가 있으면 꿈이 이루어지는지, 경제적 자유를 이룰 수 있는지를 꼼꼼하게 적었다. 느슨하게 살았던 삶을 조이기 시작했다.

과거 감정으로 과소비하던 시절이 있었다. 충동구매와 친구하던 시절이다. 외식비와 홈쇼핑에서 카드를 마구 긁어대며 마음껏 쓰고 살았다. 필요하지 않음에도 무의식적으로 물건을 샀다. 소비를 부추기는 신용카드 함정에 빠졌다. 백화점에서 샀던 접시 하나가 시작이었다. 지인 따라 가입한 명품그릇 카페에 그릇을 사 모으며 나의 존재감을 알렸다. 그릇으로 과시하고 싶었다. 맛있는 음식을 해 먹으며 사진을 찍고 카페에 올리고 부자인 양 자랑하며 살았다. 부자가 아니기에 시간이 지날수록 불안함이 왔다. 더는 경쟁할 수 없었다. 그들 속에서 멀어져갔다. 거짓 부자가 아닌 진짜 부자가 되고 싶었다.

나의 절약 십계명이 시작되었다.

1. 신용카드 없애기(담보 대출 시 받은 신용카드 00만큼 쓰면 이자 할인 혜택은 체크카드도 가능하다.)

2. 식비 절약하기(일주일 7만 원 살기하며 남은 돈으로 미국 배당주 사 모으기)

3. 소득 대비 30~50% 이상 무조건 저축하기(저축 외 돈으로 통장 쪼개기)

4. 절약 노트 작성(사고 싶은 것이나 먹고 싶은 것 작성해 사지 않는

대신 금액으로 적어보기)

5. 우선 소비 정하기(꼭 필요한가? 당장 필요한가? 생각해보기)

6. 잡동사니 소비에 빠지지 않기(카페, 편의점, 온라인쇼핑몰)

7. 심리통제 하기(나는 돈을 못 쓰는 게 아니라 안 쓰는 중이다.)

8. 체크 카드사용(통장엔 모두 체크카드가 있다.)

9. 오늘의 과소비로 남편의 은퇴는 미루어진다.

10. 마감 기한을 생각하며 즐겁게 절약한다.(마감 기한: 2023년 9월 30일)

절약 십계명을 크게 적어 벽에 붙이고 실천하며 일주일을 7만 원으로 살았다. 매일 하루 1만 원의 밥상을 블로그에 올렸다. 내가 하는 방법은 음식 재료 냉동이다. 주변에서 아기 이유식을 냉동하기에 힌트를 얻었다. 이유식도 얼리는데 어른들 국을 얼리지 못할 이유가 없다. 꾸준히 국이나 찌개 또는 볶음밥 재료를 냉동하며 먹는 방법과 장보기 요령, 식단 짜기를 블로그에 기록했다. 매일 올리니 이웃들이 관심을 준다. 일주일 7만 원 살기 방법을 알리고자 블로그 안에서 프로젝트를 만들었다. 함께 절약하며 7만 원으로 밥상을 차린다. 12기를 하고 있으니 1년째 순항 중이다.

가계부를 쓰는 목적은 절약이다. 명확한 목표가 있어야 한다. 목표란 까치발을 들어 손에 닿을 수 있는 정도의 목표를 세우는 게 좋다고 강의에서 들었다. 기록하면 지출이 눈에 보인다. 덜 쓰는 효과도 있다. 살면서 부동산이나 돈 공부를 해본 적이 없다. 여태껏 뭐 하고 살았을까? 이미 지나간 일을 놓고 가슴 치며 후회하면 뭐 하나. 지금이라도 시작하면 되는 거다. 돈 공부와 부동산 강의를 들었다. 새벽 4시에 일어나 독서, 글쓰기, 돈 공부 루틴으로 하루를 조이며 살았다. 자기 확언으로 부동산에 투자하겠다고 써 놨다. 2020년은 부동산 상승기였다. 투자할 수 있는 방법을 찾아야 했다. 모아놓은 종잣돈이 없었기 때문에 집을 이용했다. 살고 있던 집을 전세로 주고 비조정 지역에 전세금만으로 집을 매수했다. 1년쯤 지났을까? 전세로 준 세입자가 이사하자 오른 전세금만큼 투자금이 생겼다.

다시 한 번 투자할 기회가 왔다. 공부한 내용을 토대로 저평가된 지역을 찾았다. 공부해 투자한 아파트는 1년도 안 되어 기쁨을 주었다. 안 먹어도 배부르다는 말은 여기에 어울리는 말이다. 가계부를 쓰며 줄인 식비로 미국 배당주 투자도 했다. 80만 원이었던 식비 중 40만 원을 뚝 떼어 매달 40만 원을 배당주에 넣었다. 나머지 40만 원으로 한 달 식비로 사는 것이다. 3개월에 한 번씩 받는 배당은 보너스가 생기는 기분이다. 점점 파이프라인이 늘어갔다. 블로그에 글을 썼더니 절약 식비 프로젝트를 하게 되었고, 3권의 요리 전자책을 출판하게 되었다. 식비방을 운영하며 식비 가계부를 만들어 저작권에 등록했다. 프로젝트 하는 이들과 함께 가계부로 사용하고 있다. 콘텐츠를 운영하고 파이프라인을 구축해 놓으니 50대 중반의 시작이 많은 사람에게 놀라움을 주었다. 2년이 지난 지금 부동산자산이 크게 늘었다. 부자의 키워드를 만나 앞만 보고 달렸다. 가끔 의지가 꺾이기도 했다. 그럴 땐 잠시 멈추어 왜 부자를 꿈꾸고 시작했는가를 생각했다. 아직 목표를 달성하지는 못했지만, 마감 기한을 생각하면서 말이다. 방법을 찾았고 실행했다. 나는 부자가 될 것이다.

이젠 우울하지 않아요

김민혜

친정은 강원도다. 그곳에 가려면 반드시 대관령을 지나야 한다. 첩첩산중 사이로 난 고속도로를 달리다 보면 긴 터널이 나온다. 친정 가는 길에는 항상 삶의 긴 터널 속에서 두려움에 주저앉아 울고 있는 열여덟의 나를 만났다.

1996년, 우리 집은 무너졌다.

집안 곳곳에 빨간색 압류 딱지가 붙었다. 검은 양복을 입은 사람들이 엄마를 찾았다. 우편함에는 공과금 체납은 물론 각종 카드, 사채, 캐피탈, 제2금융권의 독촉장이 가득했다. 엄마는 화투에 빠졌다. 호기심에 시작한 도박에 돈, 사람, 가족 모든 걸 잃으셨다.

항상 "이것만 해결하면 돼!"라고 하셨다. 1997년 IMF까지 터지면서 아빠는 희망퇴직을 신청하셨고, 퇴직금은 고스란히 빚 갚는 데 쓰였다. 엄마의 말은 결국 거짓말이 되었다. 그후로도 빚 독촉은 계속되었고, 아빠와 엄마는 매일 싸웠다. 그리고 내가 24살 되던 해 이혼하셨다. 초인종 소리에 보고 있던 TV 소리를 줄이고, 집에 사람이 없는 척 숨죽이고 있어야 했다. 그 사람들이 우리 가족에게 무슨 해코지를 할까 봐 두려웠다. 학교 끝나고 집에 가면 낯선 사람들이 집 앞에 있을까 봐 조마조마했다. 하루하루가 살얼음판을 걷는 기분이었다. 그 두려움은 지금의 나를 만들었다.

매일 불안했다. 사소한 일에도 쉽게 불안함을 느끼고 삶에 대한 의지가 꺾였다. 한번 우울해지면 일상은 송두리째 흔들렸다. 아무것도 하지 않았다. 불안한 채로 삶을 살았다. 불안을 해소하고자 노력하는 일조차도 두려워 어떤 시도도 하지 않았다. 금보다 귀한 시간을 그저 숨만 쉬며 흘려보냈다. 성공한 부자가 되고 싶어 시작한 '새벽 기상'이었다. 하지만 새벽 시간에 책을 읽고 일기를 쓰며 달리기를 하는 동안 마음속 가득 차 있던 불안이 점점 걷히고 있었다.

삶이 불안하고 우울했던 이유를 부모님 탓이라 여겼다. 그 일만 없었다면 지금 내 모습이 이렇지 않을 것이라며 부모님을 원망했다. 과거의 기억 속에 갇힌 채 우울한 삶을 살았다. 정작 삶을 불안한 채로 내 버려둔 것은 자신이었다. 스스로 삶을 방치하는 선택을 한 것이다. 그리고 불안함을 해소하기 위해 선택한 일은 점(占)을 보는 것이었다. 별자리운세에 따라 오늘을 살았고, 점(占)에 맞게 나의 미래를 설계했다. 그럼에도 불안은 해소되지 않았고, 점을 믿으면 믿을수록 과거에 더욱 얽매이게 되었다. '새벽 기상'을 하던 어느 날, 불안함을 느끼지 않는 나 자신을 발견했다. 새벽 시간에 집중하느라 불안함을 느낄 새가 없었다. "아. 이것이구나!" 무릎을 쳤다. 평생 갖고 가는 줄 알았던 마음의 짐들을 가볍게 할 수 있는 방법을 알게 됐다는 희열에 눈물이 하염없이 흘렀다.

"괜찮아. 잘하고 있어!"
어색함을 뒤로한 채 양손으로 반대쪽 어깨를 서로 두드리며 오늘도 나를 응원한다. 몰라보게 변했다. 여전히 불안함과 우울한 감정은 수시로 찾아온다. 그러나 예전처럼 흔들리는 대로 삶을 방치하지 않는다. 불안은 치유할 수 없는 병이고, 과거는 평생 벗어날 수 없는 굴레라고 생각하던 때가 있었다. 무기력한 삶 속에서 어떤 도전도 하지 않았다. 도전 없는 삶은 나를 더 불안하게 했다. 하지만 이제는 불안하고 우울해지면 "이거, 기회가 또 찾아왔는데?" 하며 생각을 전환한다. 또 양팔을 위로 쭉 뻗으면서 "파이팅!"을 크게 외치기도 하고, 혼자 미친 사람처럼 일부러 더 크게 웃기도 한다. 그리고 늘 그랬듯이 새벽에 일어나 할 일을 한다. 매일 목표를 실천하면서 크고 작은 성과가 하나둘 쌓였고, 쌓인 성과만큼 뭐든 할 수 있다는 자신에 대한 강한 믿음이 생겼다. 믿음은 곧 신념이 되었다. 신념이 강해질수록 불안하고 우울한 마음은 더욱 줄어들었다. 그 중심에 '새벽 기상'이 있다.

새벽에 글을 쓰기 시작한 지 6개월이 지났다. 떠올리는 것만으로도 눈물이 났던 시간들을 이제는 담담히 적는다. 글을 쓰면서 감정을 떼어내고 사실만 들여다본다. 잔인하기만 했던 날들만은 아니었다는 생각이 들었다. 그 시간을 견딘 내가 대견스러웠다. 처음으로 18살의 나를 찾아갔다. 여전히 긴 터널 속에서 울고 있었다.

"괜찮아, 잘 버텨줘서 고마워."

등을 감싸고 꼭 안아주었다.

2021년 7월, 친정에 다녀왔다. '새벽 기상'을 시작한 지 1년 9개월 되던 어느 날이었다. 둘째가 코로나 밀접 접촉자로 분류되어 첫째와 셋째만 데리고 강원도로 향했다. 어김없이 터널이 나왔다. 차 안에는 동요가 나오고 아이들은 재잘대고 있었다. 나는 브레이크와 가속페달을 번갈아 밟으며 터널을 지났다. 하나의 터널을 빠져나오자 다음 터널이 기다리고 있었다. 반복되는 몇 개의 터널을 지나 마지막 터널을 벗어나자, 하늘과 맞닿아 있는 동해 먼 바다 수평선이 보이기 시작했다. 내가 운전하기 전에는 보지 못했던 풍경이었다. 친정 가는 내내 불안했던 예전과 달리 마음이 편했다.

일주일 동안 아빠와 함께 지냈다. 나의 눈엔 늘 불안하기만 했던 아빠였다. 하지만 아빠는 당신 삶의 시간 속에서 잘 지내고 계셨다. 일주일 뒤 엄마의 집으로 갔다. 엄마는 당시 외삼촌 병간호로 몇 달째 집을 비우고 있었다. 엄마 없는 엄마 집에서, 나를 키워준 당신 모습을 그리며 남은 시간을 보냈다. 나도 엄마가 된 지 무려 8년 만이었다. 그곳에 머무르는 동안 엄마에 대한 애증의 마음을 한결 가볍게 할 수 있었다.

올해 마흔 살이 됐다. 어릴 땐 내가 부모님 나이가 될 것이라고는 상상조차 안 했다. 그때의 부모님 나이가 되고 나니 알겠다. 아낌없이 주는 나무 같았던 당신들 역시 끊임없이 흔들리고 고민하며 나약했던 존재였음을 말이다. 이제는 내가 안아드려야겠다고 마음먹었다.

희망이 생겼어요

정혜정

 **나는 매일,** 매시간 절망과 싸우는 일을 한다.

"나 사고뭉치예요. 잘못하니깐 맞는 거죠."

고작 9살 아이의 절망은 한 시간 내내 듣도 보도 못한 욕설로 뱉어진다. 앞뒤로 몸을 흔들고, 물감이 이리저리 튀기고 미술 치료실이 난장판이 된다. 내 입에서 "너 진짜 사고뭉치구나!"라는 말이 나올 때까지 아이는 지치지 않을 기세다. "네가 사고뭉치니깐, 엄마가 때리지."라는 말이 사실은 엄마의 미안함에서 나온 것임을 아이는 믿지 못한다. 내 눈앞에 아이는 사고뭉치가 아니다. 그저 엄마의 매가 무서운 9살 아이일 뿐이다. 아무데서나 천방지축처럼 뛰어다니고, 엎지르고, 쏟고, 쿵쾅거리는게 당연한 나이. 내 말이 아이 마음에 닿기까지 나는 또 얼마나 많은 절망과 싸워야 할까? 이미 아이에게 여러 병명의 라벨이 붙어 있다. 엄마도, 선생님도 고개를 젓는다.

아이 때문이 아니라는 내 말에 아이의 엄마는 한숨을 내쉰다. "말은 쉽죠. 막상 집에 가면 잘 안 돼요."라는 대답과 함께 어려운 변화보다는 말이 쉬운 학원을 찾고, 상담센터를 찾는다. 고작 7살, 8살 아이의 '지금'을 보고 아이의 전부를 절망한다. "이걸 바꾸면 또 저게 문제고, 저걸 바꾸면 또 이게 문제예요." 아이는 고치고 또 고쳐야만 하는 '문제'가 된다. 나는 '문제'가 되어버린 아이들을 만나는 미술치료사로 15년째 살아가고 있다. 15년 차가 되었어도 해마다 어렵다. 아니, 어쩌면 해가 갈수록 더 어렵다. 예전보다 상담센터를 찾는 아이들은 많아졌다. 예전과 다르게 엄마 없이 아이 혼자서 상담센터를 오는 경우도 많다. 영어, 태권도 학원 그 다음에 상담센터. 상담을 학원처럼 오는 아이들이 늘어만 갔다. 그저 집중 잘하게 해주고, 말을 잘 듣게 해주는 아이로 만들어 주는 학원처럼 대하는 엄마들이 늘어만 갔다. 이제는 부모들이 말하는 '문제'를, 나도 아이를 만나면 자동으로 그려진다. 그렇게 나 또한 미리 질망히는 것에 익숙해져 갔다.

한 시간 동안 씩씩거리며 욕설을 뱉어내는 아이와 있으면 나 또한 혼이 쏙 나가는 기분이다. 엄마가 뜯어말려도 스마트폰만 쥐고만 있는 아이 이야기를 듣는다. 진짜 아이가 '문제'인 것만 같다. 이 아이가 달라지긴 할까? 아니, 이 엄마가 달라지긴 할까? 라는 의심이 내 마음속에도 스멀스멀 올라온다. 자기 의심은 전염된다. 아이는 자기가 믿는 대로 산다. 사고뭉치라고 믿으니 수업 시간에 뛰어다니고 소리를 지른다. 한시도 몸을 가만히 있지 못한다. 엄마가 믿는 대로 아이는 자란다. 엄마가 믿는 대로 아이는 문제가 된다. 그 믿음을 듣다 보면 나 역시 작아지곤 한다. 이 상담이 아이에게 과연 도움은 될까? 집에 돌아가면 똑같이 종일 TV가 틀어져 있을 테고, 가족 간에 말 한마디 나누지 않을 테고, 걸핏하면 맞을 텐데…. 이 아이에게 일주일에 한 시간 상담이 무슨 소용이 있을까? 내 말이 아이와 엄마에게 가닿기는 할까? 끝도 없는 자기 의심에 나 또한 점점 희망을 잃어가고 있었다.

나부터 희망을 찾아야 했다. "내가 열심히 한들 달라지긴 하겠어?"라는 자기 의심에서 벗어나야 했다. 다른 사람 절망만 탓할 게 아니라 내 절망에 답해야 했다. 나는 나부터 돌봐야 했다. 나를 엉망진창으로 내팽개쳐 놓고 남을 돌보겠다는 모래 위의 성을 부숴야 했다. 나도 결국 말이 쉬운 남 탓만 하고 있었음을 뼈아프게 인정해야만 했다. 아무에게도 방해받지 않는 새벽, 하루의 첫 시작을 나를 돌보는 시간으로 쓰기 시작했다. 다른 사람을 위한 책이 아닌, 그냥 내가 읽고 싶은 책을 읽었다. 새벽 시간의 독서는 낮에 책을 읽을 때와는 달랐다. 새벽에 읽는 책은 마치 나를 위해 준비된 것처럼, 그때 나에게 딱 필요한 글이 펼쳐져 있었다. 책 속의 글들이, 새벽의 커피 한 잔이 나와의 약속을 지켜내는 내가 차곡차곡 쌓이기 시작했다. 그 시간이 쌓이면서 나는 내가 하고 싶은 말들을 글로 풀어쓰기 시작했다. 내 마음속 말들이 글로 쏟아지면서 내 절망들이 종이에 쫘르륵 쏟아졌다. 매일 새벽 5시. 다른 사람이 아닌 나와 만나기 시작했다. 쏟아진 절망에 글로 답하기 시작했다. 나를 의심하던 시선이 걷히면서 아이와 엄마들의 절망에도 답하기 시작했다. "엄마라면 참아야지."라는 말에 묶여있던 불안함과 두려움들을 만났다. 그 두려움 때문에 아이의 문제만 보였던 엄마들. 상담실 아이처럼 엄마들도 '아이가 나 때문에 잘못될까 봐' 그지 두렵고 무서웠다. 엄마도 엄마가 처음인데 얼마나 두렵고 막막했을까? 나는 "엄마 탓 아니에요!"라며 떨리는 엄마들 손을 잡았다. ‘지금이 아이의 전부가 아니에요. 아이도 엄마도 자라는 중’ 이라는 글들을 하나씩 블로그에 올렸다. 내 글이 위로가 된다는 댓글, 다시 해보겠다는 댓글들이 달렸다. 그 글들에 나 또한 위로를 받았다. 내 마음이 엄마와 아이에게 가닿기는 할까? 라는 내 절망에 대한 답이 되었다. 내 글을 보고 다른 지역의 도서관에서 강의 요청이 들어왔다. 제주에 사는 내가 줌으로, 블로그 글로 동두천, 대전, 광주의 엄마들을 만나기 시작했다. 아이에게 좋은 엄마가 되기 위하여 최선을 다하는 엄마들, 온라인 프로그램으로 아이와 공감하는 것을 배우려 하는 엄마들을 만났다. 우리는 함께 두려움을 넘어서 아이의 문제가 아닌 마음에 귀 기울였다. 내 말에 귀 기울여 주는 엄마들과 아이들을 만나니 신이 났다. 내가 알려준 것보다 더 열심히 해내는 엄마들을 만나니 숨통이 트였다. 희망이 보였다.

고작 9살에 절망했던 아이처럼, 나 또한 고작 작은 상담실에 갇혀 있었다. 그 안에서 만나는 사람들이 전부였고, 그 안에서만 무언가를 할 수 있다고 믿었다. 15년 동안 좁은 상담실에서 한 발짝도 나가지 못한 채 지금이 전부라고 믿었다. 그저 주어지는 대로 일하고, 다른 사람이 말하는 대로 미리 절망했었다.

‘일하는 환경이 좀 나아지면, 상황이 달라지면’ 등등 이런 말들로 상황 탓만 했다. 다른 사람들과 상황이 달라져야만 한다고 믿었다. 나는 한 발짝도 내딛지 않으면서 다른 사람에게서만 희망을 찾으려고 했었다. ‘새벽 기상’을 하면서 다른 사람이 아닌 나에게 시간을 주었다. 나를 돌보면서 내 안에서 희망이 싹트기 시작했다. 새벽잠을 이겨낸 뿌듯함, 나와의 약속을 지켜내는 꾸준함이 쌓여갔다. 자신을 믿기 시작하자 다른 사람이 말하는 절망은 ‘고작’ 작게 보였다. ‘새벽 기상’의 힘으로 다른 사람에게서가 아닌 나에게서 희망을 찾았다.

06

하루하루 성장하는 내 인생

남윤희

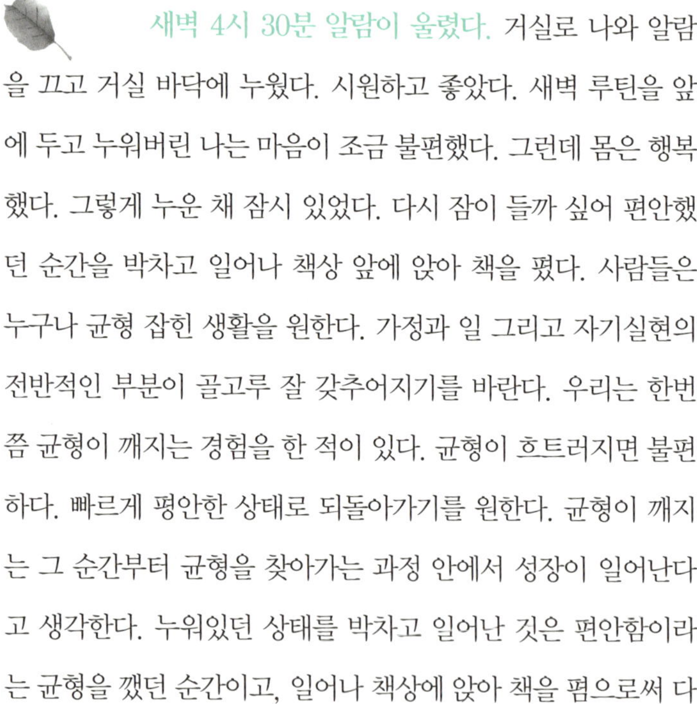

새벽 4시 30분 알람이 울렸다. 거실로 나와 알람을 끄고 거실 바닥에 누웠다. 시원하고 좋았다. 새벽 루틴을 앞에 두고 누워버린 나는 마음이 조금 불편했다. 그런데 몸은 행복했다. 그렇게 누운 채 잠시 있었다. 다시 잠이 들까 싶어 편안했던 순간을 박차고 일어나 책상 앞에 앉아 책을 폈다. 사람들은 누구나 균형 잡힌 생활을 원한다. 가정과 일 그리고 자기실현의 전반적인 부분이 골고루 잘 갖추어지기를 바란다. 우리는 한번쯤 균형이 깨지는 경험을 한 적이 있다. 균형이 흐트러지면 불편하다. 빠르게 평안한 상태로 되돌아가기를 원한다. 균형이 깨지는 그 순간부터 균형을 찾아가는 과정 안에서 성장이 일어난다고 생각한다. 누워있던 상태를 박차고 일어난 것은 편안함이라는 균형을 깼던 순간이고, 일어나 책상에 앉아 책을 폄으로써 다시 균형을 찾았다. 이렇게 반복하며 성장하는 것 같다.

첫 회사에 입사했을 때의 일이다. 취업의 기쁨도 잠시였다. 실무에 적응하기 바빴다. 건축 CG를 제작하는 회사였는데 주 업무는 2D 그래픽 작업이었다. 회사에서는 건축 CG에 필요한 3D 그래픽 툴도 활용하기를 원했다. 빠르게 툴을 익히고 실무에서 성과 내기를 바랐던 것이다. 지인의 추천으로 입사한 상황에서 그분께 누가 되고 싶지 않았다. 무엇보다 실력으로 인정받고 싶었다. 매일 야근을 하고, 일을 마친 후에는 바로 위 선배에게 물어보며 공부했다. 서울에 있는 회사에서 경기도 집까지 가는 시간도 아까웠다. 어느 날 3D 그래픽 부서 과장님이 야근 후 공부하는 나에게 와서 말했다.

"야! 네가 무슨 3D를 배워. 머리 좋아도 될까 말까 하구만! 몇 개월에 될 문제가 아니야. 관둬라. 관둬!"

이 말은 지금도 내가 새로운 일을 시작할 때 반복해서 들린다. 그때 내가 배우는 그것을 그만두었더라면 더 오랫동안 나를 괴롭혔을 것이다. 포기하지 않은 덕에 그때 익혔던 툴로 지금까지 경제활동을 하고 있다. 하지만 그때 깨졌던 균형은 체력이다. 의자에 앉아 밤새우는 일이 많았다. 졸다가 책상에 엎드려 그대로 아침까지 잠든 적이 한두 번이 아니다. 젊다는 생각에 끼니도 제때 챙겨 먹지 않았다. 야근 후 밤늦게 공부하다 보니 야식이 주식이 되었다. 살이 쪘고 허리에 무리가 왔다. 20대에 디스크가 생겼다. 그렇게 몸은 안 좋아졌다. 그렇지만 실력을 인정받아 퇴사 후 프리랜서로 오랫동안 일했다. 이제는 그때처럼 파격적으로 균형을 깨지는 않는다. 하지만 성장이 필요한 부분이 있다면 비슷하게 할 것 같다. 과거 회사에서 그래픽 툴을 익히고 배우고 성장한 것과 같이 '새벽 기상'은 나를 성장시키는 도구가 되고 있다. '새벽 기상' 말고도 나에게 필요한 도구가 있다면 배우고 경험하면서 매일매일 성장하는 내 인생으로 만들고 싶다.

10년 전 소중한 가족을 잃었다. 1년에 한두 명씩 3년 동안 세상을 떠났다. 반복되는 죽음이 가깝게 느껴졌다. 무서웠다. 수학 교사를 꿈꾸며 임용고시를 준비하던 이종사촌 여동생이 있었다. 혈액암 발병 후 1년도 되지 않아 세상을 떠난 것이다. 그 아이가 떠난 이후로 내 삶에 대해 처음으로 진지하게 질문하기 시작했다.
"너는 어떻게 살다 가고 싶니?"
이렇게 시작된 질문은 꼬리에 꼬리를 물고 계속됐다. 가장 마지막 질문은 이것이다.

"내가 진짜로 하고 싶은 일이 뭘까?"

질문하고 찾았던 첫 해답이 '새벽 기상'이었다. 바로 시작했다. 일과 육아에 치여서 질문에 답할 수 있는 시간이 부족했다. 고요한 시간이 필요했다. 새벽은 나와 대화하기 가장 좋은 시간이었다. 하지만 내가 가진 생각만으로 질문에 대해 답을 얻기엔 한계가 있었다. 책을 읽고 질문하고 답하는 과정에서 성장이 일어났다. 스스로 질문하고 답한 것에서 끝나는 것이 아니라 실행으로 이어졌을 때 또 다른 성장의 순간을 만나게 되었다. 글을 쓰고 있는 이 순간도 '새벽 기상' 실행으로 얻게 된 성장의 순간이다.

성공하기를 매일 바라고 꿈꾼다. '성공은 무엇일까?' 하고 싶은 일을 해내는 것이 나에게 성공이다. 새벽에 일어나 책을 읽고 싶었고 그렇게 했다면 나는 성공한 사람이다. 성공한 하루가 매일매일 쌓이면 성장하는 내 인생을 사는 것으로 생각한다. 삶은 내가 보내는 하루하루에 순간의 합이라 한다. 나는 우연히 일어나는 일은 없다고 믿는다. 내게 일어나는 모든 일은 나를 위해 일어난다. 내가 겪는 경험에 질문하고 답을 하다 보면 생각이 바뀌고 행동이 바뀐다.

'삶을 성장시키려는 이유가 무엇일까?'

누구나 자신의 성장을 바라고 돕지는 않는다. 되고 싶은 내가 되기 위해서 나는 성장하기를 원한다. 대부분 사람은 바라는 모습을 다 가질 수 없다고 말한다. 타고난 것은 고쳐 가질 수 없다면, 내가 선택할 수 있는 것을 내 의지로 바꾸고 고쳐서 내가 가질 수 있지 않을까? 자유의지를 가지고 말이다. 그런 의미에서 나는 나의 성장을 바라고 바란다. 자기계발 서적을 읽다 보면 자기 자신 안에 답이 있다는 내용을 자주 만난다. 내가 가진 정답지를 내가 열어 볼 수 없는 이 답답함을 해결하고 싶다. 그러기 위해서 책을 읽고 글을 쓰고 그림도 그린다. 나만의 방법으로 나는 성장하고 있다.

매일매일 성장하는 내가 되는 데 필요했던 것은 '용기'였다. 균형을 깨뜨릴 수 있는 용기, 회복할 수 있는 용기, 질문하고 솔직하게 답할 수 있는 용기, 그리고 실행할 수 있는 용기가 나의 성장의 동력이었다고 믿는다. 새벽은 어김없이 나를 찾아온다. 나를 성장시키는 마법 같은 시간이다. 하루하루 성장하는 내 인생아! 용기 내는 오늘을 기대하고 응원한다.

07

목표와 계획, 짜임새 있는 삶으로

원효정

시간을 계획하는 법을 알려주는 강의를 하고 있다. 다이어리는 사자마자 며칠 못가 살포시 덮어 한구석에 밀어 넣기 바빴던 내가 시간 관리 강사가 될 줄이야! 엄마도 몰랐고, 동생도 몰랐고, 나도 몰랐다. 시간을 효율적으로 관리하고 중요한 일을 가장 먼저 해냄으로써 본업이나 자기 계발에서 월등히 성과를 낼 수 있도록 세세하게 알려주고 피드백해 가며 돕는 일을 하고 있다. 실천하지 못해 애증의 대상이었던 '계획'은 어느새 나에게 성과를 가져다주었다.

'나에게도 꿈이란 것이 있었는데….'
다시 만나게 된 '꿈'이라는 단어는 3p 바인더라는 이름의 다이어리와 연결되었다. 사용 방법이 다소 어려웠던 탓에 《성과를 지배하는 바인더의 힘》을 읽었다. 사용법을 독학했고 이를 고스란히 블로그에 기록했다. 글을 본 사람들이 "나도 당신처럼 쓰고 싶어요.", "어떻게 하면 그렇게 잘 쓸 수 있나요?", "너무 깔끔하게 잘 쓰네요." 등으로 칭찬하니 매일 하게 되었다. 타인에게 알려주려다 보니 내가 더 잘 알아야 했다. 매일 기록하다 보니 점점 사용 방법을 나에게 맞게 만들어 갈 수 있었다. 나에게 가장 잘 맞는 시간에 하루를 계획하고, 수정하고, 실행하고, 결과를 점검하기 시작했다. 하루의 시작인 새벽 시간에 그날 하루를 미리 계획한 것이다. 나에게 맞는 시간과 방법을 하나씩 찾아가니 3년 넘게 꾸준히 할 수 있게 되었다.

계획이 도대체 뭐길래 사람들은 작심삼일과 싸우려고 할까? 계획은 어떻게 세워야 하는 걸까? 언제부터 언제까지의 계획을 세워야 할까? 계획을 세우는 데에 가장 적절한 시간은 언제일까?

경영학의 아버지 피터 드러커는 '계획은 미래에 대한 현재의 결정'이라고 정의했다. 계획은 시간과 함께한다. 나에게 있어 계획이란 하루 24시간을 나에게 맞게 견적 내고 덜어내는 가지치기 작업이다. 종일 두서없이 여기저기 뛰어다니기만 하거나,

반대로 아무것도 못하고 그냥 시간을 흘려보내는 것이 싫었다. 시간에 관한 결정을 하는 데 필요한 것이 목표였다. 시간 관리에 관한 책을 여러 권 읽어보니 시간은 목표와 함께 생각해야 하는 것을 알게 되었다. 시간을 견적 내고 가지치기 위해서는 기준이 필요했다. 계획에서 기준이 되어 주는 것이 바로 목표이다. 서울에 사는 사람이 부산에 가기 위해서는 부산에 가겠다는 목표지점을 먼저 정해야 갈 수 있다. 지금 내 차에 시동을 걸고 부산 쪽으로 운전대를 돌릴 수 있어야 부산으로 향할 수 있는 것이다. 더 중요한 것은 부산에 몇 시까지 가겠다는 목표가 있어야 서울에서 부산까지 가는 도중에 경유하는 지역이나, 중간중간 휴게소에 들르는 등 과정을 선택하고 덜 중요한 것들은 그에게 맞게 생략할 수 있다.

계획을 세울 때는 단순히 시간을 나열해 테트리스하듯 해야 할 일들을 끼워 맞추면 안 되는 것이었다. 해보니 버거워졌다. 기왕이면 잘해 보고 싶은 마음이 앞서서 과한 계획을 세우기도 했다. 중요한 일보다 당장 눈에 보이는 일부터 하게 됐다.
이번 주 계획을 세울 때는 이번 주에 가장 중요한 목표를 먼저 생각했다. 일주일 동안 해야 할 일을 모두 적는 것을 먼저 했다.

그중에서 더 중요한 것을 골라 주 초반에 해야 할 것과 주 후반에 해야 할 것들로 나눴다. 나눈 것을 각각 무슨 요일에 할 것인지 정했다. 다짜고짜 매일 몇 시부터 몇 시에 무엇을 할지 덮어놓고 정하지 않게 된 것이다. 나에게 비어있는 시간이 얼마나 있는지부터 먼저 계산했다. 나에게 비어있는 시간을 가용시간이라 부른다.

가용시간은 누구나 계산할 수 있다. 하루 24시간 중에서 근무시간을 뺀다. 잠자는 시간을 뺀다. 출퇴근을 위한 이동시간, 식사 시간, 미팅 시간, 집안 행사 등 그날 이미 정해져 있는 시간을 다 뺀다. 빼고 남은 시간이 가용시간이다. 이미 정해진 일 외에 해야 하는 일은 이 가용시간 안에서 해결해야 한다. 어떤 사람은 가용시간이 많을 수도 있다. 아들 셋 키우며 하루 11시간 일하는 나로서는 하루 가용시간의 절댓값이 턱없이 부족했다. 할 일은 많은데 시간이 없어 못 한다는 말이 저절로 나온 것이 이 때문이었다.

가용시간이 부족하다 보니 그날 해야 할 일 중에서 더 중요한 일을 골라 비어있는 그 시간에 해야 했다. 이것을 '시간의 견적 내기'라고 표현한다. 내가 해야 할 일 중에서 더 중요한 것을 고르기 위해 바로 목표가 필요한 것이다. 일주일 계획을 세우기 전에 일주일 중에서 가장 중요한 목표를 먼저 생각하는 것도 이 때문이다.

한 주의 계획을 일요일 밤에 세워보니 다음 주가 수월해졌다. 일요일 밤 8시, 다음 주 계획을 세우려고 보니 2주 뒤에 강의가 있다고 적어둔 것을 봤다. 그럼 다음 주에는 강의를 준비하는 게 제일 중요한 목표가 된다. 다음 주에 정해져 있는 일정의 시간을 먼저 표시해 본다. 표시하지 않은 시간이 가용시간이다. 다음 주에 해야 할 일을 미리 적어본다. 강의 전까지 수강생들이 교재를 받으려면 최소한 금요일에는 교재를 발송해야 한다. 목요일에는 교재를 포장해야 한다. 수요일에는 교재를 비롯한 준비물을 챙겨둬야 포장이 쉬워진다. 월, 화요일에는 명단을 확인하고 발송주소도 다시 한 번 확인해야 한다. 무사히 2주 뒤에 강의를 시작할 수 있도록 다음 주에는 가용시간에 다음 주해야 할 일의 요일을 정하고 미리 시간까지 정해 둔다. 다음 주가 되면 이 계획에 따라 매일 잘 되고 있는지 피드백하고 조정해 가면 되는 것이다. 매일 해야 할 일 중 중요한 일을 계획하고 제대로 하고 있는지 점검하니 실수하거나 놓치는 일이 줄어들었다. 내 삶도 점점 내가 생각한 그 이상으로 짜임새 있게 성장하고 발전해 갔다. 계획한 대로 일이 착착 진행되니 점점 "나도 할 수 있구나!" 하는 마음에 저절로 신이 났다.

자존감이 땅속 깊이 처박혀 숨어있다고까지 표현한 적이 있었다. 바쁘기만 하니 뭘 해보려고 해도 시도조차 할 수 없으니 자존감은 떨어질 대로 떨어질 수밖에 없었다. 너무 바쁘니 시간이 많았으면 좋겠다고 생각했다. 아들 셋을 둔 일하는 엄마니까 시간이 많기는 어려우니 시간을 잘 관리하는 것만이라도 하고 싶다는 마음에서 출발했다. 책에서 보니 목표를 세우라고 하는데, 내가 무엇을 하고 싶은지조차 없어서 시작했다. 일단 내가 시간을 어떻게 보내고 있는지부터 기록해 보니 시간을 관리하는 방법을 찾게 됐다. 시간의 상태부터 먼저 들여다봐야 하는 게 먼저였다. 모든 길 찾기의 시작점은 현재 내가 서 있는 바로 지금 여기이다. 나에게 맞게 시간을 쓸 수 있도록 계획하다 보니 하루의 삶을 나에게 맞춰 짜임새 있게 가져가게 되었다.

늘 할 수 없다고 움츠려 지내던 나에게 숨어만 있던 자존감이 3년 만에 마음의 땅을 뚫고 나를 찾아오게 되었다. 나도 할 수 있는 사람이라는 것을 알게 된 것이다. 문득문득 나도 꽤 괜찮은 사람일 수 있겠다고 생각했다. 내 인생도 이렇게 반짝반짝 빛이 날 수 있는 것이었음을 깨달았다. 하루하루가 신이 나서 살아갈 수도 있는 거였구나 싶었다. 시간을 제대로 계획하고 사용했을 뿐인데, 삶의 주도권까지 시간에서 나에게로 되찾아올 수 있었다. 전체적으로 내가 원하는 삶을 살게 되었다.

08

활력 넘치는 하루

유현주

10,000. 스마트 워치가 오늘도 이만큼 걸었다고 알려준다.

'새벽 기상'을 하고 책을 읽기 시작한 지 한 달 정도 지나니 습관으로 잡히기 시작했다. 조용한 아침 커피를 마시며 책을 읽는 시간은 마음이 편안해지고 생각의 시간을 준다. 어제 일어났던 크고 작은 문제들을 잠시 내려놓게 된다. 독서모임을 하면서 책 이해력도 좋아지고, 사람들과 대화를 나누며 생각의 폭이 커졌다. 책을 읽고 생각, 말투, 행동이 변했다. 조금씩 성장하고 있다. 독서를 하면서 배우고 싶은 것들이 많아졌다. 많은 강의를 들었고, 끊임없이 인풋을 했다.

'새벽 기상' 2년 차. 큰 성과를 내고 싶다는 욕심이 생겼다. 하지만 뚜렷한 성과가 나오지 않아서 힘들었다. 결과를 내고 싶은 데 그러지 못했다. 아웃풋을 해야 한다는 말을 많이 들었다. 방법을 몰랐다기보다 두려움 때문에 핑계를 대고 있었다. 그쯤 다꿈스쿨에서 '3년 올 인해서 50년 부자로 살자' 라는 이벤트를 했다. 나의 꿈과 목표, 그 꿈을 위해 무엇을 하고 있는지 앞으로의 계획을 제출하는 이벤트였다. 6명을 추첨하여 다꿈스쿨 대표인 청울림 선생님과 식사하는 자리였다. 이벤트 준비를 하면서 내 꿈과 목표를 다시 점검하는 소중한 시간이었다. 정말 당첨이 되고 싶었는데, 그 마음이 통했는지 당첨이 되었다. 식사를 하면서 고민과 해결책을 여쭤보았다. "작은 것이라도 무조건 아웃풋을 하세요!" 짧고 강렬한 말씀이었다. 굳은 결심과 뜨거운 가슴을 안고 집에 돌아왔다. 이젠 뭐든지 다 할 수 있을 것 같았다. 야속하다. 교통사고가 났다.

악몽 같았던 5년 전 그날이 생각난다.

늦었다. 이러다간 딱 지각할 타이밍이다. 서둘러야 한다. 아이를 후다닥 챙겨 보내고 남편은 어떻게 나갔는지 미처 보지도 못했다. 얼른 씻고 대충 챙겨서 나가려고 보니 방과 후 가방이 현관 앞에 그대로 놓여 있었다. 시댁에 맡겨놓고 가야 했다. 안 그래도 늦었는데 마음이 더 바빴다. 늘 다니던 길이라 안심하고 속도를 냈다. 회사 근처에 도착해 갈 무렵 합류 도로에서 훅 치고 들어오는 운전자, 급하게 핸들을 돌렸지만, 어느새 내 차 뒤를 받았다. 헉, 안전띠를 맸지만 가슴이 핸들에 부딪혔다. 머리가 띵하다. 전치 4주 진단을 받았다. 목과 허리가 깁스한 듯 뻣뻣하다. 내 맘대로 움직일 수가 없다.

'다시 시작하고 싶었는데 또 사고라니!' 100일 가까이 물리치료와 재활 치료를 받으며 겨우 회복한 허리인데 억울하다. 내 잘못도 아니고 택시 아저씨 때문에 또 그 과정을 겪어야 한다고 생각하니 암담했다. 새 각오로 시작해 보고 싶었는데 첫날부터 사고라니 절망적이었다. 다시 재활 치료를 받으며 매일 반신욕을 해야 했다. 지루하고 힘든 시간을 보내야 했다. 일에 집중도 안 되고, 출근해서 앉아있기도 힘들었다. 회사 눈치도 보이고, 활력이 없으니 우울감이 찾아왔다. 그래도 새벽 시간을 보내고 싶어 잠시라도 책상에 앉아야 했고, 근무까지 하려니 무리가 되었다. 3개월 동안 지속된 치료 기간에도 '새벽 기상'을 놓을 수는 없었다. 그 긴 시간 동안 '새벽 기상'을 하지 않으면 오래

전 아무렇게나 살던 그 시절로 돌아갈까 봐 겁이 났기 때문이다. 치료를 받으면서 매일 '새벽 기상'을 하였다. 남편은 그런 나에게 화를 내기 시작했지만 어쩔 수가 없었다. 생활방식이 거의 앉아서 생활하기에 허리에 무리가 많이 갔다. 수시로 일어나서 스트레칭하고, 아침 저녁으로 정말 열심히 걸었다. 가까운 거리, 버스 한두 정거장은 걸어 다녔고, 점심 먹고 근처 공원 가서 걸었다. 하루 평균 5~6km는 걸어 다녔다. 열심히 걷다 보니 허리는 조금씩 단단해졌고, 병원 의사 선생님께서도 지금처럼 매일 걷기운동을 하면서 허리를 관리하라고 하셨다. 교통사고 나기 전 다이어트 목적으로 걷기를 하였는데 지금은 건강 목적이 되었다. 그야말로 죽기 살기로 매일 걸어 다녔다. 비 오는 날은 우산 쓰고 걷고, 더운 날은 물 한 병 들고 공원을 걸었다. 혼자 걷기도 하고, 주말에는 가족들이나 지인과 함께 걸었다. 이젠 그만 걸어도 되겠지 하는 생각이 들었다. 5년 전 교통사고 때 한 달 정도 걷기를 한 후 그만두고 나서 체력이 바닥으로 떨어져 하루를 겨우 버티던 때가 생각났다. 힘들어서 하루 쉬고 싶어도 마음을 다잡고 더 열심히 걸었다. 매일 걷다 보니 나도 모르는 사이에 체력이 좋아졌다. 책상에 조금 오래 앉아있어도 힘들거나 아프지 않았다. 새벽에 책을 보거나 강의를 들어도 집중이 잘 되었다.

나의 콘텐츠를 만들려고 한참 고민을 하였다. 걷기와 관련된 콘텐츠를 만드는 건 어떠냐고 '새마정' 동기분이 아이디어를 주셨다. "그래 이거다!"라는 생각이 들어서 걷기로 콘텐츠를 결정했다. "이걸로 하겠다!" 하면 다 되는 줄 알았는데 처음부터 막막했다. 프로그램 이름, 설명, 홍보 등 쉬운 게 없었다. 프로그램 특징, 차별성을 생각하며 메모하고, 비슷한 프로그램을 벤치마킹했다. 새벽 시간에 걷기 관련 자료를 정리하고, 공원에 가서 걸을 때도 온통 콘텐츠, 걷기 생각만 했다. 완벽하게 만들어서 사람들과 함께하겠다고 생각했다. 그러다 보니 하루, 이틀 미뤄지기 시작했다. 완벽은 없었다. 시간만 갈 뿐이었다. "부족해도 시작하고 진행하면서 '보완하자!'라는 마음으로 [사뿐사뿐 걷기 모임]을 만들었다. 많은 분들이 도와주셨고, 함께해주셔서 1년이 지난 지금도 모임을 운영하고 있다.

"나 잘하고 있지? 제대로 하는 거 맞지?" 매일 이 생각이 머릿속에서 떠나지 않는다. 많은 사람이 걷기 모임에 오셔서 원하는 것을 얻었는지, 서비스에 만족했는지, 건강이 좋아졌는지, 삶의 질이 조금 나아졌는지 궁금했다. 건강 관련 책을 읽고 좋은 문장은 멤버들과 공유했다. 건강정보와 프로그램 설명을 위해 PPT도 만들었다. 줌으로 멤버들을 만나 프로그램 설명을 했다. 고민하던 월간지도 정기발행하고 있다. 숫기가 없어서 말을 더듬어도 그냥 했다. ‘이래서 못해! 저래서 못해!’ 라는 핑계를 만들지 않았다. 많은 사람이 체력이 좋아져서 하고 싶은 일들을 할 수 있는 밑바탕이 되었으면 했다. 지금도 시행착오 중이지만 1년 넘게 진행된 프로그램은 조금씩 발전하고 있다. 걷기도 하고, 식단관리와 함께 다이어트를 한다. [사뿐사뿐 건강 다이어트]에 오시는 분들이 건강해져서 매일 웃으면 좋겠다고 시작한 바람이 나에게 할 수 있다는 자신감을 주었다.

40대에 꿈을 꾼다는 것. 처음엔 웃음이 났지만 생각하고 실행하다 보니 꾸준하게 할 수 있었다. 미래를 계획하고 할 수 있다는 자신감도 생겼다. 살기 위해 걸었던 걸음이 [사뿐사뿐 걷기] 프로그램이 되었다. 걷기로 두 번의 교통사고를 극복했고, 사고 이전보다 훨씬 건강하고 활기찬 몸을 갖게 됐다. 오늘도 스마트 워치는 숫자 10,000을 알려쥰다.

서로 다른 하루이지만,
그 다른 하루가
켜켜이 쌓여 내 삶이 된다.
오늘도 기쁨이
충만한 색감으로 채워질 선물 같은
하루에 집중한다.

〈 제 4 장 〉

힘들고
어려울 땐
이렇게
극복한다

늘어지게 자고 싶을 때

김민혜

나는 잠에 대해 관대한 사람이다. 장소와 시간을 가리지 않고 언제 어디서든 잘 수 있다. 신문지를 깔고 차가운 계단에서 자는 것도 가능하다. 한번은 고등학교 때, 토요일 자율학습 시간에 책상에 엎드린 채 13시부터 16시 40분까지 깨지 않고 잔 적이 있다. 당시 친구들은 옆에서 "죽은 거 아니야?" 하며 한번씩 호흡을 살폈다고 했다. 잠은 스트레스를 푸는 유일한 방법이기도 하다. 스트레스를 받으면 불면증이 생기는 사람도 있지만 나는 그 반대였다. 스트레스를 받으면 오히려 잠이 쏟아졌다. 잠을 자고 나면 한결 기분이 나아졌다. '새벽 기상'을 막 시작했을 때 힘들었던 일은 역시 '잠'이었다. 늦게 자면서 일어나는 시간만 당겼으니 힘든 것은 당연했다. 당연한 저항 앞에서 슬슬 새벽에 일어나는 일이 귀찮고 하기 싫어졌다. 딱히 눈에 띄는 변화와 성과도 없으니 더욱 의욕이 없었다. "새벽 기상을 지속해야 하나!" 싶기도 하고, "무슨 부귀영화를 누리겠다고 이러나!" 하는 마음도 들었다. 특히 주변에서 그 시간에 잠이나 더 자라는 핀잔을 들을 때면 정말이지 다 때려치워 버리고 싶었다. '새벽 기상'의 의욕과 열정은 점점 줄어들고 있었다.

'나가볼까?'
여느 때처럼 졸려서 화장실에서 세수를 하고 나오던 참이었다. 껌을 씹고 커피를 마시는 것보다 책상에서 일어나 세수를 하고 나면 좀 더 긴 시간 졸리지 않았다. '집'이라는 아늑한 공간을 벗어나면 잠이 확실하게 깰 것 같았다. 눈꺼풀만큼 무거운 발걸음으로 집을 나섰다. 당시 나는 연간목표에 '10Km 마라톤 완주'를 적어놨었다. 달리기를 싫어하는 내가, 남이 적은 것을 보고 따라 적은 연간목표였다. 어차피 몇 번 하고 바로 포기할 목표이기도 했다. 달성할 목표는 아니지만 잠도 깰 겸 밖에 나온 김에 "시도는 한번 해보자." 하는 마음으로 천천히 딜리기 시작했다.

뛰는 것을 싫어했다. 턱 밑까지 차는 불규칙한 호흡이 싫었다. 특히 페이스를 유지하며 뛴다는 것이 어려웠다. 뛰면 뛸수록 달리는 속도는 점점 느려지고 호흡은 더욱 가빠졌다. 달리기를 꾸준히 해왔던 사람들은 일정 시간이 지나면 곧 편안해진다고 도 했다. 하지만 지금도 이렇게 숨이 찬데, 말도 안 되는 소리라 고 생각했다. 사실 그냥 달리는 일 자체를 하고 싶지 않았다.

하지만 안타깝게도 나의 직업적 특성상 체력측정을 연 1회 해 야 한다. 그리고 체력측정의 종목에 3Km 달리기가 있다. 나이 와 성별에 따라 기준이 세분화하여 등급에 따라 자신의 기록을 측정, 해당 등급을 받는다. 허리디스크와 같은 진단서가 있으 면 3Km 달리기는 제외된다. 하지만 불행인지 다행인지 진단 받은 병이 없었다. 힘들어도 꼭 뛰어야만 했다.

달리기 연습은 항상 힘들었다. 뛰면 안 아팠던 무릎과 발목이 아팠고, 옆구리도 찌릿찌릿 쑤셨다. 몸도 아프고 억지로 뛰는 정신적 스트레스까지. 달리면 건강해진다는데 그것도 순 거짓 말 같았다. 뛰기 시작하는 순간부터 이 순간이 빨리 지나가기 만 바랐다. 지금 공기가 시원한지, 주변 풍경이 얼마나 멋진지 보지 못했다. 머릿속에는 온통 시간 안에 도착해야 한다는 생 각뿐이었다. 아무리 숨이 차도 불안해서 멈출 수가 없었다, 만약 체력측정 당일, 1초 늦어서 원하는 등급을 받지 못하면, 오늘 그리고 그동안 해왔던 달리기는 쓸데없는 일이 될 터였다.

부담 없이 뛰었다. 체력측정은 당분간 없을 예정이었고, 연간 목표는 반드시 달성 안 해도 됐다. 걷고 있는 건 아닌지 착각이 들 정도의 속도였지만, 금세 숨이 차기 시작했다. 그래도 평소보다 조금 가쁜 정도의 숨이었을 뿐 힘들진 않았다. 천천히, 그리고 계속 뛰었다. 목표에 집착한 채 달리던 그때와는 확연히 달랐다. 헉헉대는 숨소리만 들리던 귀를 통해 새소리 물소리가 들려왔다. 갓 피기 시작한 봄꽃과 멀리 날아가는 두루미가 보인다. 잠깐 멈춰 서서 내가 뛰고 있는 이 길 위의 봄 풍경을 찍었다. 그리고 다시 뛰었다. 여유 있게 뛰고 집으로 돌아오니 30분이 훌쩍 지나 있었다. 체력측정 기준시간보다 2배가 넘는 시간이 걸렸다. 하지만 시간에 쫓기지 않으니 마음이 편했다. 건강을 위해서라면 달리기도 괜찮은 운동이라는 생각을 하게 됐고, 매일 연습하면 체력측정 때 원하는 등급도 받고, 10Km 마라톤 완주도 할 수 있을 것 같았다.

그동안 노력에 대한 평가를 목표 달성 여부에 따라 판단했다.

원하는 결과를 얻으면 투자했던 시간과 노력은 잘한 일이었다. 반면, 원하는 결과를 얻지 못하면 지난날의 노력은 헛된 일이었다고 자책했다. '새벽 기상'도 마찬가지였다. 눈에 띄는 성과만 쫓으며 집착했다. 성과 없는 '새벽 기상'은 힘들고 망설여지는 일에 불과했다. 하지만 달리기를 하면서 깨달았다. 결과가 전부는 아니라는 것을 말이다. 성공했다고 모든 과정이 옳았던 것도 아니고, 실패했다고 전부 틀렸던 것도 아니다. 결과는 상황과 운에 따라 언제든 달라질 수 있다. 뛰는 동안 작은 목표를 하나씩 정했다. '오늘은 5분 동안 쉬지 않고 뛰기', '50m 앞 횡단보도 신호등이 빨간불로 바뀌기 5초 전까지 건너기'와 같은 소소한 목표를 정하고 실천했다. 별것 아닌 목표를 매일 반복하니 달리기를 하는 시간의 밀도가 높아졌고, 높아진 밀도만큼 성취감도 쌓였다. 반드시 원하는 결과만이 성취감에 전부가 아니었다. 연습 과정에서 느끼는 잦은 성취감 속에서 단단해지고 있었다.

'아! 안 되겠다.'

자리에서 벌떡 일어났다. 쥐어짜며 글을 쓰고 있던 터였다. 분명 노트북을 뚫어져라 쳐다보고 있었는데 순간 고개가 툭 떨어졌다. 나도 모르게 또 잠이 든 모양이었다. 밖을 내다보니 동트기 전이라 어둠은 이미 걷혀 있었다. 운동화를 신고 집을 나섰다. 간단히 몸을 풀고 신발 끈을 고쳐 맨 뒤 천천히 달리기를 시작했다. 제법 새벽공기가 서늘한 가을이다. 들숨에 차가운 새벽공기가 가슴 깊이 들어와 폐를 가득 채운다. 날숨에 쥐어짜고 있던 뇌가 느슨해진다. 어느새 이마와 인중엔 땀이 송골송골 맺힌다. 이른 시간이지만 주변에 뛰는 사람들도 많다. 그들과 어쩌다 눈이라도 마주치면 가볍게 눈인사하며 지나친다. 한참을 뛰다 보니 30분 전에 쥐어짜고 있던 글을 어떻게 마무리 지어야 할지 머릿속에 그려진다. 드디어 산 너머 있던 해가 모습을 드러낸다. 하루의 시작을 밝히는 빛을 온몸으로 받으며 계속 뛰었다. 집으로 돌아와 샤워를 한 뒤 책상에 앉아 글 한 편을 마무리했다. 오늘도 새벽 시간을 알차게 보냈다.

내가 지금 뭘 하고 있는 걸까

남윤희

새벽 4시 30분. 무거운 몸을 일으켜 욕실로 갔다. 눈은 반쯤 떴다 감았다 하며 양치를 시작했다. 거울에 비치는 내 얼굴을 보며 묻는다. "내가 지금 뭘 하는 걸까?" 거울 속의 나는 아무 말이 없다. 오늘따라 더 고요한 새벽이다. 물끄러미 거울 속의 나를 한참 노려보다 양치를 마쳤다. 책상 앞에 앉아 탁상 등을 켠다. "자! 시작하자." 그런데 처음처럼 신이 나지 않는다. 노트를 펴고 모닝 페이지를 쓴다. 페이지 가득 "너 지금 무엇을 하고 있니?"라고 묻고 또 묻는다.

처음에는 뚜렷한 목표 없이 시작했던 '새벽 기상'이다. 그저 예전과 다르게 살고 싶었다. 구체적으로 무엇을 어떻게 바꾸고 싶은지 몰랐다. 나를 못살게 구는 병이 도졌다. 늘 안주하고 싶으면서도 늘 안주하고 싶지 않은 병 말이다. 이 병은 불치병이다. '나이 마흔이 넘으면 이 정도는 살아야지' 하는 기준이 있었다. 30평대 아파트에서 아이들 방 하나씩 마련해 주고, 주말에는 널찍한 거실 소파에 앉아 영화를 보며 휴식을 하는 삶을 꿈꿨다. 회사 일에서 인정받고 육아도 훌륭히 해내는 삶 말이다. 모두 다 이루었다면 거짓말이지만 일부는 이루고 살고 있다. 내 인생 이렇게 살아도 되나. 이렇게 사는 것이 맞나. 모든 상황은 안정적인데 나는 불안했다. 내 삶을 제외한 남들의 삶이 모두 다 멋지게 보였다. 남들과 비교하며 답을 밖에서만 찾았다. 그러다 보니 남편과 부부 싸움을 자주 했다. 부부 싸움을 하고 나면 지난 삶이 송두리째 아무것도 아닌 것처럼 되어버렸다. 서로 자신의 이야기만 하느라 누구도 먼저 들어줄 이유를 찾지 않고 쏟아 내기 바빴다. "잘살고 있는 거지?", "괜찮은 거야?"라고 나에게 물을 때마다 "아니, 그렇지 않아."라는 답이 돌아왔다. 나의 변화가 절실했다. 내가 바뀌면 주변이 변화된다고 생각했다. 그렇다면 지금, 원하는 모습대로 변화하고 있는 것일까? 변화하겠다는 의지로 불타던 나의 불꽃은 작아졌다. 그저 일어나는 일에 집중하게 되었다. 일어나는 것도 어려웠던 때에 비하면 사실 일어나는 것만으로도 큰 변화다. 하지만 아쉬움이 가득했다. 새벽에 일어나 책을 읽는 것 말고 다른 것은 없나? 이대로 괜찮은가?를 계속 묻지만 아무 답도 들을 수가 없다.

누군가의 성장을 지켜보는 일은 경이롭기까지 하다. '새벽 기상' 모임에서 만난 분들의 성장은 대단하다.

아이 셋을 육아하며 자신의 시간을 만드는 엄마가 책을 내어 작가가 되었다. 주부로 수년을 지내다 딸 아이 머리핀을 만들다가 인기가 좋아져 액세서리 사업을 시작하는 엄마도 있다. 각자의 분야에서 크고 작은 성과를 내는 사람들을 본다. 남들의 성과에 비하면 나의 성과는 풋내 나는 설익은 열매로만 보인다. 분명한 것은 내가 흔들리고 있다는 사실과 흔들리고 있는 것은 정상이라는 거다. 내가 하고 싶은 일, 정말 원하는 일을 기억하고 다시 새겨봐야 했다. 남을 부러워만 한다고 될 일이 아니었다. 나만의 성과가 필요했다. 작은 것이라도 내 손으로 해보고 이루고 싶었다. 그렇게 시작한 것이 《아티스트웨이》워크숍이다. 과정을 겪으면서 '나' 자신과의 소통이 얼마나 중요한가를 알게 되었다.

매일 꾸준히 나를 들여다보고 특별한 것이 발견되지 않아도 오늘 할 일을 하는 것이다. 나는 아직도 이 방법이 어렵다. 어려움에도 불구하고 나는 한다. 변화라는 것은 고개만 돌려서 다른 곳을 보는 것이 아니다. 머리끝 정수리부터 발끝까지 원하는 곳으로 돌아서는 것이 변화하는 과정이라고 본다. 나는 지금 과거로부터 돌아서고 있다. 그러니 힘든 것이 당연하다. 힘들지 않고 싶은 마음 때문에 선택했던 일로 더 힘들어지는 경험을 했다. 새로운 일을 계속 찾아 도전하는 것도 좋지만 매일 해야 할 것을 해 내는 것이 더 필요했다. "지루한 것, 매일 해내는 사람이 되자."라는 말은 나에게 필요한 말이었다. 힘들고 어려울 땐 잠시 질문을 멈춘다. 특별한 방법은 없다. 그냥 해내는 것이다. 나 자신과 제대로 연결되어 있다면 현재보다 더 행복하게 사는 방법을 알게 될 것이라 믿는다.

닉네임이 '토마토'인 분이 있다. 토마토처럼 완숙의 미를 가지기 위해 지은 닉네임이라고 했다. 완숙된 '토마토'를 떠올려본다. 빨갛게 익은 먹음직스러운 예쁜 토마토가 그려진다.
나는 지금 뭘 하는 걸까? 나의 완숙을 기다린다. 아무것도 안 하면서 그저 잘 익기만을 바라진 않는다. 나의 완숙함을 돕기 위해 내 마음속 이야기를 듣기로 했다. 나에게 무슨 일이 있었는지, 내게 무엇이 필요한지 들어야 제대로 도울 수 있다. 잘 듣기 위해 '솔직함'을 무기로 모닝 페이지를 쓴다. 이 세상에 또 하나의 '나'는 결코 없다. 예전에도 없었고, 앞으로도 없을 하나뿐인 존재이다. 내가 나를 어떻게 생각하고 있는지 스스로 알고 있을 때 바라는 삶에 가까이 갈 수 있다고 믿는다. 그림과 글쓰기로 '나'의 성장을 돕고, 내가 원하는 일로 '덕업일치'를 꿈꾸는 사람이 되었다.

"어두운 밤일수록 밝은 별은 더 빛난다."하는 타블로의 노래 가사처럼 내가 지금 무엇을 하고 있는지 모르는 어둠 속에서 더 밝은 빛을 내는 나를 찾고 있다. 나를 찾는다는 말이 근사하지만은 않다는 것을 안다. 하지만 충분히 해볼 만한 가치가 있다. 바라는 모습 그대로의 삶을 살기 위해 '새벽 기상'으로 나를 돕고 있다. 그리고 마음이 시키는 길을 오늘도 찾아 나선다.

슬럼프, 모든 걸 포기하고 싶을 때

원효정

슬럼프라는 이름 뒤에 숨기 싫었다. 달려가던 자동차가 과속방지턱 앞에서는 속도를 줄인다. 발견하지 못한 곳에서는 미처 속도를 줄이지 못해 덜커덩하며 큰 소리를 내기도 한다. 매일 열심히 달려가다가 무언가에 턱 걸려 휘청이던 때가 있었다. 아들 셋 키우며 하루 11시간 동안 일을 하는 중국집 아줌마로 살아왔다. 게다가 아프게 태어난 아이의 병원 뒷바라지를 하면서 장사까지 하려니 하루 중에도 여러 번 숨이 꽉 막혔다. 다 내려놓고 주저앉아 쉬고 싶을 때도 아이를 아프게 낳아준 미안함에 입술을 깨물고 다시 발걸음을 옮겼다. 이따금 다 내려놓고 아무도 없는 곳으로 도망기고 싶다고 생각했다. 행운이나 기적 등을 믿지 않았다. 나에게는 나쁜 일들만 일어난다고 생각했기 때문이었다. 《꿈꾸는 다락방》이나 《시크릿》을 쳐다보지도 않았다. 자기 계발 서적들은 이미 어느 정도 이룬 사람들이 자신은 이러저러해서 성공했다고 자랑하는 책이라며 애써 외면했다. 지금 와서 생각해 보면 그렇게 함으로써 바닥에서 헤어 나오지 못하고 있는 나를 변명하고 합리화하고 있었다. 치졸하고 마음 그릇이 작았다.

팍팍한 삶의 시계 속에서 떠밀리듯 이리저리 흔들리며 살아온 삶에 위기감을 느끼던 39살이었다. 동시에 처음으로 온라인 자기 계발의 새로운 세상을 알게 되었다. 처절할 정도로 다른 삶을 살고 싶어 하는 마음이 하늘에 닿았는지, 기가 막힌 타이밍에 새로운 세상을 보게 된 것이다. 여태껏 왜 이런 걸 모르고 살았을까 싶을 정도로 신세계였다. 운동을 하기 위해서 조금 일찍 일어나기 시작하던 시간을 조금씩 당긴다. 욕심껏 당기다 보니 어느새 새벽 3시에 일어나는 여자가 되었다. 새벽 4시 반에 일어나던 즈음부터 칭찬의 말들이 들렸다. "대단하다!", "어떻게 하면 그렇게 될 수 있나!", "역시 멋지다!" 등등의 말들만 귀에 들렸다. 더 신이 났다. 점점 기상 시간이 빨라져 새벽 3시에 일어나게 되었다. 그것뿐이었다. 남들에게 보이기 위한 새벽, 인정받기 위해 꾸역꾸역 이어나가는 새벽이….

여전히 하루 11시간 장사하고, 아들 셋을 키우는 엄마임에는 변함이 없는데, 온라인 세상에서 비치는 부 캐릭터는 너무나도 완벽히 모든 일을 해내는 모습이었다. 마치 내가 바라는 나의 모습으로 계속 만들고 꾸며왔는지도 모르겠다. 어느 순간 버거웠다. 현실 세계의 나와 온라인 세계의 또 다른 나. 틈이 가져다주는 또 다른 자괴감. 덧칠하던 가면들. 문제는 내가 아닌 타인이 기준이었다. 또 다시 보이지 않는 손에 의해 떠밀려 앞으로 가고 있는 듯했다. 성장을 하겠다고 앞만 보고 냅다 달려가다 생각지도 못하게 튀어나온 돌부리에 걸쳐 넘어진 순간이었다. 이윽고 들려온 말은 "독하다!", "하는 일이나 잘할 것이지 뭐하러 새벽에 일어나겠다고 그러는지.", "온종일 일하는 애가 잠잘 거 못 자고 뭐 하는 짓이니.", "나는 그렇게까지는 못 살 텐데 참 대단하네!" 등이었다.

마음을 후벼 파는 말은 다른 누구도 아닌 가까운 사람에게서 나왔다. 남편, 엄마, 친동생, 친구 등 격의 없고 편한 사이에서 딴에는 '내·생·각'이란 것을 해준다며 건네주는 말 한마디가 미처 예상하지 못하고 만나게 된 돌부리와도 같았다. 예전에는 주저앉고 싶었지만, 등 떠밀려 앞으로 갔다면, 이제는 앞으로 가고 싶은데 외부에서 주저앉히려는 것 같았다.

나 자신도 거들었다. 과연 내가 세운 목표가 제대로 된 것이 맞는 걸까? 하는 의심이 생겼다. 목표가 맞다 손 치더라도 매일 하는 노력이 과연 내가 세운 목표까지 가는 방법이긴 한 걸까? 하는 의구심이 들었다. 한마디로 이렇게 하는 게 맞는 건가? 하는 의문이 생긴 것이다. 결국 나는 또 안 되는 사람이구나 하는 마음이 스멀스멀 올라오기 시작했다. 순간 떠오르는 단어 하나, 슬럼프.

버거워지고, 할 수 없을 것 같고, 뭐가 잘 안될 것 같은 생각이 앞서니 차츰 슬럼프라는 단어를 자주 떠올리게 됐다. 예전에 나를 보호한답시고 내 마음의 주변을 두껍게 둘러쳤던 그 벽이 다시 촘촘히 세워지려 하는 순간이었다. 온라인 세상을 알고 자기 계발에 눈을 뜨던 당시 그렇게도 깨고 싶던 그 벽이 다시 두꺼워지려 하는 순간이었다.

이제는 슬럼프 뒤에 숨고 싶지 않았다. 정확히 말하면 다시 예전으로 돌아갈 것 같았다. 잠시 멈췄다. 하던 것을 내려놓고 자각이란 것을 하기 시작했다. 자기합리화보다 자기분석을 하기 시작했다. 문제가 생겼다는 것을 알게 되었을 때 덮어놓고 솔루션부터 찾으려하기보다 상황을 파악하고 무엇이 문제인지부터 찾기 시작했다.

'내가 지금 이런 생각을 하고 있구나' 하는 생각은 멈출 때와 가야 할 때를 알게 해준다. 현재의 나를 인정하면서 시작해야 했다. 상황을 제대로 파악하고 있어야 제대로 된 문제를 찾아 그에 맞는 해결책을 만들어낼 수 있다. 나 자신을 보호하겠다며 두껍게 둘러친 벽을 스스로 깨보고자 했다. 예전의 나로 돌아갈 수도 있겠다는 생각에 두려워졌다. 모두 다 내려놔 버릴지도 모른다. 마음을 둘러치는 벽이 굳어버리기 전에 깨버려야겠다고 생각했다. 스멀스멀 떠오르는 슬럼프라는 단어는 벽을 깨기 위한 용기가 나지 않음을 예쁘게 포장해 주는 말이었다. 늘 슬럼프라는 이름 뒤에 숨어 앞으로 조금 나아갔다가도 다시 제자리로 돌아와 버리곤 했다.

바닥을 찍을 때까지 기다려보기로 했다. 종종 억지로 빠져나오려 하다가 더 헤어나오지 못했기 때문이다. 억지로 나오려다 더 깊이 빠지곤 했다. 그저 조금은 기다려주었다가 바닥을 찍고 올라올 수 있도록 나를 조금 더 믿어주기로 했다. 바닥을 찍을 때까지 기다리고 멈춘 것이다. 멈추고 나에게 생각할 수 있는 시간적, 마음적 여유를 주었다. 그릇에 따라 담기는 물의 양이 다른 것처럼, 나의 한계를 알아야 넘치지 않게 담을 수 있는 법이다. 잠시 멈추고 나를 돌아보는 시간을 나에게 선물한다. 아예 그만두게 될까 봐 걱정되기도 했다. 잠시 멈추고 현재 상황에 대해 조용히 생각해 보니 다시 나아가는 힘이 생기는 것 같았다. 잠시 멈춰도 괜찮았다. 며칠 동안 내려놓는 것도 좋겠지만, 하루 중에 멈춤의 시간을 가지는 것이 큰 도움이 되었다.

자동차 경주를 할 때도 골인 지점까지 계속 내달리지 않는다. 중간에 잠시 멈춰서 자동차 바퀴도 다시 점검하고, 나사도 조여 주고, 엔진에 기름칠도 해주는 시간도 가진다. 우리 몸과 마음은 기계가 아니다. 기계도 중간 중간 점검해서 고쳐주고 기름칠을 해주는데, 하물며 기계가 아닌 나는 왜 계속 움직이려고만 할까. 왜 나를 다그치려고만 했을까. 점점 버거워지려는 찰나 자동차처럼 나에게도 멈추는 시간을 선물한 것이다. 자동차를 중심에 두고 점검하듯이 나 자신을 중심에 두고 현재 나의 상태를 돌아보는 시간을 가진다. 지금까지 큰 슬럼프 없이 걸어온 것은 이 때문이었다.

매일 하루 30분씩 나 자신에게 '멍 타임'을 선물해 주었다. 멍

하니 아무것도 하지 않아도 되기 때문에 '멍 타임'이라 이름 붙였다. 하루 중 내 머리와 몸을 쉬어주게 하는 시간은 산소호흡기와도 같았다. 틈틈이 소진되는 에너지를 나 스스로 채우게 되기 때문이다. 거창하게 시간을 내야 한다고 생각했는데 하루 30분이면 충분했다. 틈틈이 휴대전화를 비롯한 모든 외부 자극에서 잠시 벗어나 나에 대해 생각하고 돌아보는 시간을 꼭 가져보려고 한다. 무슨 일이 있어도 '멍 타임'을 나 자신에게 꼭 선물해 주려고 한다. 나에 대해 잘 안다면 나에게 슬럼프라는 녀석이 내 삶을 차지하기 전에 완충작용을 해준다. 슬럼프로 모든 것을 포기하고 싶을 때 오히려 내려놓고 멈춰서 나에 대해 생각하니 앞으로 나아갈 수 있었다.

내 마음 알아주는 사람 하나 없구나

안선민

'새벽 기상'은 전날 밤부터 시작된다는 걸 몰랐다. 평소처럼 12시쯤 자고 다음 날 새벽 6시에 일어났다. 나의 적정 수면시간은 7시간인데, 늦게 자고 일찍 일어나니 몸이 버텨내질 못했다. 호기롭던 마음도 차차 시들어갔다. 오후가 되면 피곤했고, 하루가 지쳐갔다. 일과 육아, 집안일까지 모든 걸 다 해내기가 버거웠다. 육아와 집안일부터 등한시되었다.

"힘들다고 하지 말고 그 시간에 잠을 자."

호들갑을 떨었다. 일찍 일어나서 생긴 피로감을 남편과 아이들에게 풀었다. 가족들의 사소한 행동도 눈에 거슬렸다. 예민해졌다. 말에도 짜증이 묻어났다.

일과 육아, 집안일까지 모두 잘해내고 싶었나. 그보다 내가 열심히 살고 있다는 걸 남편이 알아주기를 바랐다. 새벽에 일어나게 된 게 남편과의 다툼 때문이기도 하니 더 그랬다. 잠이나 더 자라니! 기가 막혔다. 이 정도면 알아줄 만도 한데 참 매정했다.

쓰레기봉투를 열었다. 싱크대 거름망에 담긴 음식물을 버리기 위해서였다. 며칠 묵혔더니 썩은 내가 고약했다. 얼굴이 저절로 찌푸려졌다. 얼른 음식물 쓰레기를 버리고 봉투를 묶었다.
'마음도 담아두기만 하면 음식물 쓰레기처럼 고약한 냄새가 진동하겠구나.'
힘든 마음도 털어버려야겠다. 그걸 계속 안고 살아간다면 정말 병이 나겠다 싶었다. 다음 날 새벽에 덮어두었던 일기장을 펼쳤다. 일어나서 떠오르는 생각과 감정을 모조리 일기장에 적었다. 누가 볼 것도 아닌데, 어떤 말도 숨김없이 적었다. 그동안 쌓인 모든 일을 일기장에 쏟아냈다. 얼마나 눈물이 나던지, 며칠 동안 같은 일을 반복했다. 어떤 날은 베개를 감싸 안고 대성통곡했다. 집안에 쌓인 묵은 먼지를 털어내듯 내 마음 곳곳에 숨겨두었던 아픔, 상처를 털어냈다. 가슴이 뻥 뚫렸다. 시간이 지날수록 마음이 편안해졌다. 그래, 괜찮아. 이 정도면 좋아. 예상하지 못한 일에 뒤숭숭했던 마음도 안정됐다. 힘들 때마다

친구에게 전화해서 두 시간 넘게 하소연한 적이 있었다. 개운
할 줄 알았다. 내 이야기를 들어준 친구에게 고마운 한편, 전화
를 끊을 때면 되레 기분이 찜찜했다. 어쩌면 내 위로가 필요했
던 건 아닐까. 그게 우황청심환인걸.

"그럴 수 있어, 괜찮아. 여기서 이어 그리거나 다시 새 종이에
그려봐."
큰아이가 펜으로 그림을 그리고 있었다. 열심히 그리다가 실
수로 선을 잘못 그렸다. 나도 모르게 '에이'라는 말이 튀어나
오려는 걸 틀어막았다. 내 말을 듣고 아이가 스스로 실망하여
아예 그리지 않겠다고 말할까 싶었다. 참 상냥했지. 육아 책에
서 배운 대로 아이의 마음을 어루만졌다. 아이는 그림을 골똘
히 바라보더니 실수한 곳에 다른 모양을 덧그리면서 그림을
완성했다.

만약 내가 저렇게 했다면 어땠을까, 짜증냈겠지. 제대로 하라
고 핀잔을 주었을 테지. 나에게는 참 모질다. 내가 나를 챙기면
나도 잘해내지 않을까. 잘못하고 실수했다고 자책하지 말자.
그럴 수도 있다고 인정하자. 남편이 내 마음을 몰라주면 어때!

끈기 있게 해나가고 있는 나를 내가 다독이면 되지. 힘들고 지친 마음을 쏟아냈던 일기장에 나를 응원하는 말을 적었다. 힘이 났다. 날마다 적다 보니 다른 것에 휘둘렸던 마음도 차분해졌다. 매일 투덜거렸던 일, 남을 탓했던 마음이 서서히 사라졌다. 그 대신 작은 일에 감사했고, 조그만 성과에도 만족했다. 내일과 역할을 해내는 게 점차 수월해졌다. 조금씩이라도 매일 해냈고, 자신감이 생겼다. 내가 믿음직해졌다. 마음도 단단해졌다. 이런 게 나를 사랑하는 거였구나. 내 모습 그대로를 인정하게 되었다.

"세상은 그 사람이 견딜 수 있는 크기만큼의 고통을 준대. 지금 많이 힘들지? 그만큼 네가 이겨낼 수 있다는 거야. 잘하고 있어. 힘든 이 시간이 지나면 넌 분명히 더 큰 사람이 되어 있을 거야. 꼭 기억해."

혼자서 마음을 추스르는 게 힘겨운 날 핸드폰에서 한 이름을 찾는다. 밍설임 없이 통화버튼을 누른다. 친한 부장님. 나를 내 가족보다 더 잘 알고 있는 분이다. 하루는 놀이터 의사에 앉아 아이들이 노는 모습을 바라보고 있었다. 그 전날 밤도 남편과 다퉜고, 새벽에 일어나서 일기를 써도 마음 한 편이 묵직했다. 뭔가를 들고 활짝 웃으며 내게 다가온 큰아이 앞에서 눈물이 쏟아졌다. 아이의 눈이 휘둥그레졌다. 당황하는 아이를 본 나도 놀랐다. 그 순간 부장님이 해준 말이 떠올랐다. "기운 내, 괜찮아. 잘 이겨내고 있어." 나는 어찌할 바를 모르는 아이에게 눈에 먼지가 들어갔다고 말하며 황급히 눈물을 닦았다.

불행했다. 돈 때문에 뒤틀린 삶, 내 마음을 몰라주는 남편, 일과 육아를 오롯이 혼자 해야 하는 날에는 세상을 원망했다. 결혼하고 아이를 낳으면 행복해질 줄 알았는데, 힘든 일은 생각지도 못한 순간에 나를 찾아왔다. 내가 뭘 그렇게 잘못한 건지 이해할 수 없었다. 세상을 탓하는 일도 지겨웠고, 잘살아 보겠다는 마음 하나로 버티기에 힘겨운 날도 많았다. 포기하지 않았다. 계획대로 착착 해내지는 못했지만, 주저앉아도 다시 일어났다. 다시 파이팅을 외쳤다. 다시, 다시, 될 때까지.

"꾸준히 하다 보면 좋은 날이 와요."
독서 모임 리더에게 글을 잘 쓰는 방법을 물었다. 망설이지 않고 내게 툭 던진 한마디. '새벽 기상'도 마찬가지였다. 새벽에 일어나지 못하거나 기대만큼 뭔가를 해내지 못한 날도 있었다.

꿋꿋하게 일어났다. 다시 시작했다. 잘하고 있다고 스스로 말했다. 그렇게 하다 보니 감정 기복도 사라졌다. 일찍 일어나보니 좋은 날이 많아졌다. 그렇게 쌓인 날들이 내 마음을 다독이는 힘이 되었다. 새벽마다 식탁 위에 놓인 일기에서 내 마음을 들여다본다. 끌어안는다. 에너지 충전 완료!

집중이 되지 않아요

황선영

육아에 집중하던 시간을 뒤로하고 '새벽 기상'을 하겠다고 선언했다. 남편은 내심 의심하는 눈초리였지만 응원하겠다고 했다. 매일 아침 겨우 일어나 허둥지둥 출근하는 걸 보아 온 남편이기에 그 눈초리가 이해된다. 그렇지만 내 각오는 올림픽 우승을 목표로 하는 선수 못지않다. 그게 딱 2년 전이다.

온라인 세상에서 다시 꿈을 꾸고 혁명에 가까운 자기 변화를 이뤄내는 어른들을 만났다. 한번도 본 적 없는 그들에게 응원을 보내며 나도 함께하고 싶다는 생각이 들었다. 육아를 핑계로 무심하게 보낸 몇 년의 시간이 아깝기도 했지만, 다시 꿈을 꾼다는 말에 대학 신입생이 된 그때처럼 설레었다. 그렇게 연결

된 블로그의 인연으로 2019년 12월 자기계발 프로그램에 첫발을 내디뎠다. '새벽 기상'이 시작됐다. 함께하고 이끌어주는 리더가 있으니, 알려 주는 대로 하루 동안 해야 할 좋은 습관들을 채워갔다. 성경 필사를 하고, 책을 읽고, 감사 일기를 쓰고, 플래너에 나의 하루를 빼곡히 기록했다. 오롯이 아이에게 집중하며 지내던 평범했던 워킹 맘의 삶은 기억하고 챙기려 해도 잊어버리기 일쑤였다. 새벽 두 시간 동안 하고 싶은 것만 하면서 시간을 보내니 빼곡해진 플래너만큼이나 나의 하루가, 나의 삶이 꽉 채워지는 기분이었다. 달라진 거라고는 아침 시간뿐인데, 일상이 즐겁고 생기 있어졌다. 아이가 칭얼거리고, 엄마 껌 딱지로 붙어 있어도 힘들지 않았다. 이제 '새벽 기상'은 평생 좋은 습관으로 자리 잡고, 일상은 성취감으로 차곡차곡 채워지는 날만 있을 줄 알았다.

한 달 동안의 자기 계발 프로그램은 끝이 났고, 1년의 마지막 한 달을 이렇게 열심히 살았으니, 숨 가쁘게 달려 온 시간을 보상해 주고 싶었다. 새해 첫날, 공휴일을 핑계 삼아 하루만 쉬자 했다. 하루는 이틀이 되고 이틀은 사흘이 됐다. 새해라고 다들 새로운 계획과 각오로 열심을 내 달리는 분들을 그저 멋지다고 응원만 하며 새해 첫 달을 보냈다.

누구는 '새벽 기상'을 시작하고 한 달 만에 삶이 완전히 바뀌었고, 누구는 1년이 넘도록 새벽 3시 기상을 하루도 빠짐없이 하고 있다고 했다. 한 달 만에 자기 계발은 끝이 나고, 응원한다면서도 의심의 눈초리로 대하였던 남편의 눈빛이 아른거려 속이 상한다. 이대로라면 또 자존감이 바닥을 칠 것 같았다.

다시 시작이다. 오래전부터 눈여겨 보아왔지만, 돈까지 내면서 '새벽 기상'을 해야 하나 싶어 미루던 '새벽마음정원(새마정)'의 문을 두드렸다. 의지로 되지 않으면 환경과 시스템을 갖추라 했다. 나의 '새벽 기상'을 '새마정'이라는 시스템에 맡겼다. 루틴은 다시 회복했고, 일상에 활력도 생겨났다. 그렇지만 체력은 바닥을 드러내기 시작했고, 입술이 터지기 시작했다. 뭔가 열심히는 살지만, 엄청난 성과가 있었다던 그들처럼 내 일상은 크게 변하지 않았다. '새벽 기상'에 슬럼프가 왔다는 핑계를 대며 나는 조금씩 게으름을 피우고 나태해지기 시작했다. '새벽 기상', 그거 아무나 하는 게 아니라며 남편의 그 눈초리를 인정했다.

나 자신을 아프게 하고 싶은 사람은 없다. 하지만 많은 사람이 타인의 삶과 나를 비교하며 자신을 스스로 할퀴고 상처를 내며 살아간다. 자신을 닦달하며 기대에 미치지 못하면 이내 안 된다며 체념한다.

시스템 속에 있어도 안 되는 건 안 되는 거라며 이제 '새벽 기상'은 그만해야겠다 싶을 때, 20년 8월 독서 모임에서 만난 김승호 회장의 말이 떠올랐다. 슬럼프를 어떻게 극복하시냐는 질문에, "나는 슬럼프를 겪지는 않아요. 그렇지만 슬럼프를 겪는다면 추천하고 싶은 방법은 '운동'입니다. 몸을 움직이세요."라고 하셨던 그 말이 딱 좋은 타이밍에 생각났다. 거창하지 않아도 좋다. 쉽게 할 수 있어야 한다. 점심시간에 짬을 내어 걷기 시작했고, 집안에 항상 있는 훌라후프를 돌리기 시작했다. 체력이 회복되니 천금 같은 새벽이 다시 시작됐다. 읽어야 할 책이 차곡차곡 쌓이고, 코로나 이후 좋은 강연들이 온라인에서 넘쳐나니 그것도 다 내 것으로 만들어야 할 것 같았다. 또 욕심을 내기 시작한다. 책도 읽고, 운동도 하고, 강의도 들었다. 전부 다 해야 새벽 시간을 제대로 보낸 것 같다. 목표한 기상 시간보다 늦게 일어나도 하나에 집중하기보다 이것저것 조금씩 다 하는 길 택했다. 집중되지 않고 마음만 바빴다. 그러니 '새벽 기상'에 지각하는 날이면 하루를 전부 날린 것 같은 기분이다. 자꾸 실패한 하루 같아 집중되지 않던 날, 책을 읽으면서 '미니 휴가'라는 말을 만났다. 꼭 며칠 휴가를 내서 어디론가 떠나는 것만이 휴가가 아니라는 거다. 아침 일찍 일어나 계획했던 루틴들로 하루를 채워가는 중에, 단 5분 만이라도 시간을 내어 눈을 감아 보라는 거다. 점심시간에 회사 근처의 공원이라도 걷는다면, 그것 또한 에너지를 충전하는 충분한 시간이 된다. 그렇게 마음만 바빠 집중하지 못하는 날에는 '미니 휴가'를 즐기기 시작했다. 늦게 일어난 날을 자책하지 않았다. 출근 전까지 남은 시간 동안 딱 한 가지만 집중한다. 이런 날엔 퇴근 후 아이를 일찍 재우고, 못다 읽은 책을 읽다 새벽에 잠이 들기도 했다. 목표를 정하고, 정한 목표대로 습관을 채우고 만드는 게 모범답안일 수는 있다. 왜 '새벽 기상'을 시작했는지 본질을 생각한다면, '새벽 기상'이든 새벽 취침이든 전부 해답이 된다. 누군가에게는 굿모닝이고 누군가에게는 굿나잇이 되는 시간, 어떤 시간에 깨어있든 고요한 그 시간을 나만의 시간으로 채웠으면 그걸로 충분하다. 미라클 모닝 대신 매일 미라클 데이다.

어떤 하루는 내 삶이 기쁨으로 충만하고, 또 어떤 하루는 좌절감이 밀려올 때가 있다. 미세하게 조금씩 다른 색감으로 내 삶이 그려질 뿐 어떤 하루든 소중한 삶이다. 짧다면 짧은, 다채롭거나 무미건조한 내 하루의 모습을 그냥 즐기면 된다. 서로 다른 하루이지만, 그 다른 하루가 켜켜이 쌓여 내 삶이 된다. 오늘도 기쁨이 충만한 색감으로 채워질 선물 같은 하루에 집중한다.

06

지긋지긋한 작심삼일

서미숙

1년 365일 매일 새벽에 일어날 수 있을까? '새벽 기상'을 해본 경험자는 매일 새벽에 일어나는 게 어떤지 안다. 겨울에 따스한 온기가 있는 침대에서 벌떡 일어나는 건 힘들다. 눈은 떴지만 일어나기 싫었다. '아프다고 핑계 댈까?' 하루만 푹 자고 싶었다, 1년이 되어 가니 몸이 축나 있다. 주말에도 이어지는 기상에 지쳐 있었다. 누가 시킨 것도 아니고 누구에게 잘 보이려고 시작한 '새벽 기상'이 아닌데, 리더의 칭찬과 동기의 칭찬이 나를 매일 일어나게 했다. 한 발 앞서가는 리더를 부지런히 따라가려 했지만 버거웠다. 나이 탓일까? 게으름 탓일까? 딱 일주일만 쉬고 싶었다. 마음은 쉬라고 외치지만, 몸이 일으켜졌다. 새벽 4시에 일어나는 습관으로 묵묵히 해내는 내가 되었다. 그즈음 갱년기란 녀석이 슬럼프와 함께 찾아와 몸을 괴롭혔다. 신체적인 변화는 없는데 마음의 변화가 왔다. 불안감과 기억력 감퇴에 괜스레 애꿎은 남편이 옆에 있다가 당한다. 빨리 성공하고 부자가 되고 싶은 마음에 도와주지 않는 남편에게 화살이 간다. 30년을 함께 살았다.

젊은 시절 나는 작심삼일의 대표적인 사람이다. TV에서 다이어트로 성공한 사람이 나오면 바로 헬스장에 등록했다. 운동을 좋아하지 않으면서 마음만 앞섰다. 귀가 얇아 상담 선생님 말씀에 혹한다. 3개월치를 등록해 버렸다. 시작은 잘하는 나다. 일주일 나가고 어찌나 재미가 없던지 흐지부지되었다. 어릴 때부터 손으로 배우는 걸 좋아했다. 지인이 퀼트를 배운다길래 따라갔다. 손바느질로 가방, 지갑을 만든다니 생각 없이 등록했다. 지갑 하나 만들고 나니 손이 아팠다. 퀼트 재료는 수납장에 쌓였고, 이 또한 작심삼일이 되었다. 시작하기보다 꾸준히 하는 것이 어려웠다. 절약하겠다고 가계부를 썼다. 서점에서 산 가계부로 지출한 금액은 모두 적었다. 이번엔 굳게 다짐해 본다. 역시 일주일이 지나니 흐지부지되었다. 남편은 지긋지긋한 작심삼일을 반복하는 나를 더는 믿지 않았다. 계획을 세우는 것보다 지키기가 어려웠다.

절실함에 시작한 '새벽 기상'은 달랐다. 하루하루가 힘들었지만 적어도 작심삼일에 지치지는 않았다. 갱년기와 슬럼프를 극복할 수 있었던 계기는 함께하는 이들의 성장이었다. 새벽 시간을 이용해 책을 쓰는 사람도 있었고, 부동산을 공부하는 사람도 있었다. 워킹 맘으로 육아를 하며 새벽 시간을 오롯이 나를 위해 보내는 사람을 보면 동기부여가 되고 의지가 더해진다. 함께하는 힘의 위력이 느껴졌다. 슬럼프가 올 때 왜 '새벽 기상'을 하는가의 'Why'를 생각했다. 다시 힘을 낼 수 있는 원동력이 되었다. 목표도 쉬운 것으로 설정했다. 무너질 뻔하다가도 단톡방에서의 칭찬과 격려가 큰 힘이 되기에 자기합리화에 빠지지 않았다. 스스로 의지력이 약한 나는 시스템을 택했다. 빨리 가야 한다는 목적의식에 나를 밀어 넣었다.

《습관을 바꾸는 생각의 힘》에서 자기암시에도 힘이 있다는 걸 알았다. '나는 계속할 수 있다'라는 긍정적인 자기암시를 반복하는 효과는 컸다. 10번 이상 외치고 또 외쳤다. 책에서 작은 분량을 실행하라고 하길래 바로 적용했다. 책 5장 읽기, 글쓰기 5줄 하기, 윗몸 일으키기 5개 하기, 50m만 달리기 등등 쉽게 실천할 수 있는 것으로 시작했다. 자신감이 더해졌다. 하루에

150쪽씩 읽고 싶었지만 욕심내지 않았다. 지인이 새벽에 일어나면 피곤하지 않냐고 묻는다. 4시나 7시나 아침에 일어나는 건 똑같이 피곤했다. 극복하기 위해 일찍 잠자리에 들었다. 작심삼일이 되지 않도록 알람을 여러 개 맞추어 놓았다. 핸드폰 멀리하기는 기본이고, 내일의 기상을 위해 10시~10시 30분 안에 자려고 노력했다. '새벽 기상'을 오래 했다고 쉽게 일어날 수 있을까? 운동을 매일 해도 힘든 것처럼 '새벽 기상'도 매일 힘들었다. 주변에서 작심삼일을 막을 수 있는 도움을 주었다. 인간의 뇌는 작심삼일이 당연한 거라고 하니 나만 그런 게 아니구나! 하며 마음이 놓였다.

밤 10시 취침, 새벽 4시 기상을 택했다. 6시간의 수면으로 2년째 실행하고 있다. 알람이 울릴 때 바로 하는 행동은 10초 안에 내 몸을 일으켜 앉는다. 그리고 시원한 물 한 컵 들이켠다. 오장육부가 깨어난 듯 정신이 번쩍 들었다. 창문을 열어 기상 인증 사진을 찍어 단톡방에 올린다. 가끔은 일어나기 싫을 때도 있다. 그런 날은 하루 푹 자기도 했다. 새벽은 매일 오니까 하루쯤은 나를 내려놓는 시간을 가졌다. 내일의 힘이 필요하기에 오늘 하루의 쉼을 선택했다. 50대는 몸이 고장 나기 쉬운 나이다.

무리했다가는 큰코다칠 수 있다.

남편이 작심삼일을 극복한 이야기를 해보려 한다. 늦게 취침했던 사람이라 '새벽 기상'을 힘들어했다. 기상을 작심한 후 첫날에는 6시에 일어났다. 6시는 일어날 만했다. 둘째 날에는 5시 30분에 일어났다. 둘째 날도 긴장한 탓에 눈이 잘 떠졌다. 셋째 날은 5시에 일어났다. 넷째 날에는 작심삼일의 법칙을 이용해 다시 6시에 일어났다. 4일쯤 되니 계속할 수 있을지 의심이 갔다. 5일째 되면 다시 해볼까 하는 생각이 들기에 기상하게 되었다. 작심삼일 기상을 계속하다 보니 남편이 기상할 시간이 정해졌다. 남편은 5시로 정해 지금까지 기상을 이어오고 있다.

힘들고 어려울 때 극복하는 방법은 딱히 없었다. 그저 의도적으로 실행했다. 혼자서 하지 못하기에 함께하는 시스템에서 인증의 힘을 빌렸다. 인증함으로써 꾸준히 할 수 있는 힘이 생겼다. 작심삼일의 달력을 만들었다. 3일을 성공하면 성공 스티커를 붙이고 또다시 3일에 도전했다. 명확한 목표를 향해 의지박약이라고 자책하며 의지가 부족일 때는 실천할 수밖에 없는 장치를 만들었다.

2년을 꾸준하게 할 수 있었던 방법은 실행하려고 노력했다는 점이다. 의지가 줄어들 땐 부자가 되었을 때를 상상했다. 시간적 여유가 생겨 여행을 떠나는 상상, 서울 한복판에서 갖고 싶었던 건물을 매수하는 상상을 해본다. 스타벅스에 앉아 여유롭게 월세 계산기를 두드리는 내 모습도 상상한다. 상상하면 꼭 성공해야지 하는 마음이 들기에 작심삼일이 아닌 '매일 꾸준히'가 가능해졌다. 작심삼일이라는 틀에서 벗어나 인생의 벽을 뚫어가는 중이다. 내 삶은 내가 바꾸고 있다.

07

잘하고 있는 건지

정혜정

'새벽 기상' 300일째, 330일째, 360일째. 1년이 넘어가자 마음이 조급해졌다. 여기저기에서 '새벽 기상' 하면서 인생이 바뀌었다는 사람들이 보였다. 유명한 유튜버, 베스트셀러 작가, 강사. 그야말로 '새벽 기상'으로 인생 대역전을 이뤄낸 사람들이 자꾸만 나와 비교되었다. 그 사람들을 보면 나는 토끼와 경주하는 거북이처럼 느렸다. 나는 이제야 출발선에서 느릿느릿 걷고 있었고, 토끼처럼 빠른 사람들은 벌써 저만치 앞질러서 뛰어가고 있었다. 쌩하니 앞지르는 토끼들은 '새벽 기상'을 하면서 엄청난 성과들을 이뤄냈다. 수입이 늘어나고 삶이 달라지고 열정이 넘쳤다. 그에 비해 나는 '새벽 기상'을 1년이나 했지만 여전히 새벽에 일어나는 게 힘들었다. 가끔 늦잠을 잘 때도 있었다. 월수입이 늘어나기는커녕 코로나 직격탄으로 오히려 줄어들었다. 새벽 시간에 준비했던 온라인 프로젝트는 사람들 모집이 어렵기만 했다. 빠른 토끼들의 속도를 따라잡기에는 나의 한 발짝 한 발짝 걸음은 느리기만 했다. "저 사람들은 새벽 3시에 일어나니까 나도 더 일찍 일어나볼까?"라는 마음이 들었다. 새벽 5시에 일어나던 내가 갑자기 새벽 4시에 일어났다. 며칠이 지나니 피곤해서 아예 5시에도 못 일어나는 날들이 쌓였다. 블로그에 글 하나 쓰는 것도 2~3시간이 걸렸다. 아무리 해봐도 나는 토끼처럼 빠르게 달릴 수가 없었다. 처음 '새벽 기상' 할 때는 새벽 6시에 일어나는 것도 뿌듯하기만 했다. 이제는 새벽 4시 30분에 일어나도 "내가 이러니까…." 라는 자책으로 이어졌다. 자책은 쌓여서 지금까지 이뤄낸 것들도 "하나도 달라진 게 없어!"라는 결론으로 몰아갔다. '새벽 기상'을 통한 '인생 대역전'이 나에게는 그럴 기미가 안 보였다.

문득, "거북이는 도대체 무슨 생각으로 경기를 포기하지 않았을까?"라는 생각이 들었다. 나처럼 이제 막 한 걸음 뗐을 때 토끼는 쌩하고 달려서 거북이 눈에 보이지도 않았을 텐데…. 느릿느릿한 걸음으로는 도저히 토끼를 이길 수 없다는 것을 알았을 텐데 말이다. 만약 내가 거북이라면 '아! 이번 생은 틀렸나

보다' 하고 포기하지 않았을까? 도대체 거북이는 무슨 마음이었던 거지? 가만 생각해 보니, 동화 속 거북이는 토끼가 어디쯤 갔는지 확인하지 않는다. 반대로 토끼는 거북이가 어디쯤 왔는지 계속 확인한다. 거북이가 멀찍이 뒤처지자 낮잠을 즐기기도 한다. 거북이는 그저 자기 속도대로, 자기 걸음대로 걷는다. 아하! 거북이는 처음부터 토끼가 목표가 아니었다. 거북이의 시선은 토끼가 아닌, 골인 지점을 바라보고 있었다. 거북이는 다른 사람이 아닌, 자기 목표를 바라보고 한 걸음씩 내디뎠다. 그러고 보니 나는 다른 사람들 성과를 보면서 끊임없이 내 위치와 비교하고 있었다. "아직도 여기까지밖에 못 왔구나, 나도 저런 성과들을 내야 할 텐데." 하면서 조바심을 내고 있었다. 내 목표가 어디인지 쳐다보지 않고, 내 시선은 토끼만 쫓고 있었다.

'새벽 기상하는 거북이'. 그래, 나는 '새벽 기상' 하는 거북이가 되기로 했다. 다른 사람이 얼마나 뛰어갔나 쳐다보지 않고, 내 목표만 보고 뚜벅뚜벅 걷기로 했다. 나의 목표는 토끼와 똑같은 삶이 아니라 내가 원하는 삶이니까. 나의 시선을 다른 사람이 아닌, 나 자신의 목표에 고정했다. 그러려면 내 목표가 멀리서도 선명하게 보여야만 했다. 처음 '새벽 기상' 할 때는 그저 내 시간을 갖는 것 자체가 좋았지만, 1년이 지나자 하고 싶은 것들이 떠오르기 시작했다. 1년이 지났으니 자연히 목표도 달라져야 했다. 그냥 막연하게 "지금처럼 마음이 아픈 아이들을 만나는 것도 좋지만, 마음이 아프기 전에 엄마와 아이가 직접 마음을 만날 수 있도록 돕고 싶다."라는 생각이 떠올랐다. 이 목표를 더 선명하게 만들어야 했다. 15년 동안 상담실에서만 있었던 나였다. 추상적인 말, 감각적인 말만 쓰던 내가 세상에서 제일 무서워하던 표에 차곡차곡 인생 목표, 연간계획, 월간계획들을 써 내려갔다. '계획, 표, 체계화, 시스템' 등 낯선 단어들에 익숙해져 갔다. 적고 또 고쳐나갔다. 내 목표에 집중하니 쌩쌩 달리는 토끼들이 잘 보이지 않았다. 나는 오로지 어제의 나, 일 년 전 나와 비교했다. 일 년 전에는 아침 7시에도 일어나기 힘들었다. 바쁜 출근 시간에 괜히 아이만 재촉하고, 남편은 왜 이리 느린지. 짜증스럽게 하루를 시작하는 날들이 많았다. 지금은 새벽 5시에 일어나서 하루를 시작한다. 바인더에 오늘을 계획하고, 상담실 업무 외에도 내가 하고자 했던 프로젝트를 준비한다. 엄마들을 위한 독서 모임도 진행하고, 아이들을 위한 온라인 프로그램을 준비한다. 일기를 쓰다가 문득 떠오르는 "이런 것도 해보면 좋겠다." 하는 생각에 설렌다. 시간이 없다고 미뤄두기만 했던 수영도 새벽 시간에 배우고 있다. 사십 대가 넘어서도 하고 싶은 일이 많다는 것만으로 슬럼프를 넘기고도 남는 힘이 솟았다.

명확한 목표, 물론 이 답은 한 번에 척하고 나오지 않았다. 처음 목표를 적었을 때는 내가 써놓고도 "이게 무슨 말이야?" 싶었다. 땅에 발을 딛지 못하는 허공에 둥둥 떠다니는 말들이었다. 내 목표를 땅속 깊이 뿌리 내리려면 '해보는 것'이 필요했다. 해보지도 않고 책상에 앉아 생각만 한들 구체적인 목표가 떠오를 리가 없었다. 워킹 맘이 그런 시간을 만들기는 어려웠다. 저녁 시간에 하려면 꼭 무슨 일이 생겼고, 낮에도 갑작스러운 전화나 서류들이 불쑥 튀어나왔다. 꾸준히 매일 하려면 새벽만큼 안전한 시간이 없었다. 새벽 시간에 블로그 글쓰기, 온라인 프로젝트, 마케팅을 하나씩 배워나갔다. 엄마와 아이가 함께할 수 있는 미술 놀이를 소개하는 전자책도 써보고, 미술 놀이 키트를 만들어서 스마트스토어에 판매도 했다. '아이와 그림으로 대화하기'라는 엄마들을 위한 온라인 프로젝트를 하나씩 해나갔다. 물론 이 중에서 쉬운 일은 하나도 없었다. 줌을 어떻게 접속해야 할지, 줌에서 오디오 켜는 건 어디 있는지, PPT 화면은 어떻게 공유하는 것인지…. 왜 내 눈에는 그 버튼이 안 보이는 건지. 새벽마다 당황하면서 배워나갔다. "전자책 이것 다 쓰면 엄청나게 팔리겠지. 스마트스토어 너무 대박 나면 사업자등록도 해야 할까?" 어쩜 나는 매번 무디어지지 않는 설렘을 갖고, 도전하고 또 우당탕 요란스럽게 넘어졌다. 전자책도 몇 권 팔리다 말고, 만들어놓은 미술 놀이 키트도 집에 그대로였다. 많이 넘어져 봤다고 해서 넘어질 때마다 아프지 않은 것은 아니었다. 매번 설레던 만큼 실망도 컸다. 그동안 새벽잠도 못 자면서 노력했던 것이 성과가 나오지 않아서 쓰라렸다. 넘어지고 일어서면서 내 목표는 단단한 땅속을 뚫고 뿌리를 내려갔다. 생각만 하는 것과 직접 해보는 것과는 완전히 달랐다. 해보지 않으면 도저히 알 수 없는 것이 많았다. 그 시행착오들을 통해서 막연하고 모호했던 목표가 현실적인 목표가 되었다. 내 입에도 척척 감기지 않던 말들이 '엄마 주도 미술 육아, 엄마 코칭 전문가'라는 말로 정리가 되었다. 잘하고 있는 건지 불안할 때마다 다른 사람이 아닌 나를 바라보았다. 한 발짝씩 천천히 걸어온 지난 내 걸음들을. 내가 지금껏 시행착오들도 단단해진 나만의 목표를 바라보았다. 그 목표가 있다면 옆에서 빠른 토끼가 쌩하고 달려도 결국에는 이기는 거북이가 될 수 있다.

08

자신감, 자존감이 무너질 때

유현주

"왜?, 왜 나만 잘못했는데?"

맨날 나만 혼났다. 항상 오빠가 우선이었다.

초등학교 때 동생과 함께 시골 할머니 댁에서 자랐다. 동갑내기 사촌오빠와 맨날 티격태격 싸웠다. 잘잘못을 떠나 할아버지는 매번 오빠 편만 들고 나만 혼냈다. 생일이 2달 빠르다는 이유로 오빠라고 불러야 했고, 이름을 부르면 혼이 났다. 어른들 없을 때 이름을 부르면 사촌오빠는 할아버지께 쪼르르 달려가 고자질을 했다. 미웠다. 억울했지만 엄마도 오빠라 불러야 한다고 하셨다.

외할머니는 친손자들은 우리 애들이라 하셨고, 외손자인 나와 동생에겐 남의 자식이라고 하셨다. 할머니 세대엔 출가외인이란 말이 당연했고, 또 그렇게 살아오셨는데 어린 마음엔 억울했다. 우리 할머니가 아니라 남의 할머니라는 말처럼 들려서 할머니께 따지고 들었지만 내가 바꿀 수 있는 건 아니었다. 내성적이기도 했지만 어려서부터 늘 눈치를 봤다. 작은 것 하나라도 잘못되면 엄청나게 크게 느껴지고 스스로 자책했다. 학교에서 손들고 발표하는 것도 어려웠다. 친구랑 이야기할 때도 친구가 우기기 시작하면 '내가 틀렸나?' 하는 생각이 들 정도로 자신감이 없었다. 사회생활 초기엔 상대방에게 부탁하거나 불합리한 건 잘못됐다는 말도 잘 못하고 손해 보고 말자고 생각하며 포기했다.

"내가 그렇지 뭐!"를 입에 달고 살았다. 나 스스로 비하하며 살았다. 남들에게 잘 보이기 위해 가방 하나를 사도 유행하던 메이커 가방을 사고, 운동화도 나이키만 신었다. 결혼하고도 이런 습관은 잘 고쳐지지 않았다. 크게 과소비하는 건 아니었는데 그렇다고 일쏠살뜰 아끼는 것도 아니었다. 돈을 쓰지 않아도 될 자리에서도 돈을 썼고, 집안 곳곳에는 쓰지 않는 물건들이 채워졌다. 불만과 스트레스를 물건으로 대신했다. 이렇게 해야 내가 괜찮은 사람이 되는 줄 알았다. 남들에게 그럴듯하게 보인다고 생각했다.

아이가 어린이집에 다닐 무렵부터 집을 사서 이사 가야겠다고
결심했다. 청약통장에 차곡차곡 입금하고 가계부도 매일 쓰고,
대출 가능 금액과 이자를 꼼꼼히 살피면서 종잣돈을 모았다.
자신감이 생겼다. 용기가 났다. 열심히 일하고, 알뜰하게 살림
하면서 가계부를 쓰면 돈을 모을 수 있을 것 같았다. 돈을 모으
기 시작하고 3년 만에 생애 첫 집을 마련했다. 결심하고 빠르게
실행할 수 있었던 계기는 아이였다. 그 당시 살던 곳 주변은 공
단과 유흥가가 많았고, 초등학교 학급수도 적었다. 아이 친구
엄마들은 모이면 대낮에도 술을 마시고, 만날 때마다 자리에
없는 다른 엄마 욕을 했다. 그곳에서 학교를 보내고 싶지 않았
다. 간절함이 나를 움직이게 했다.

자기 계발도 간절함이었다. 아이에게 공부만 강요하면서 서로
지쳤고, 피곤해서 매사 의욕이 없었다. 노후가 준비되지 않아
불안했다. 남편과 다투는 일도 늘어났고, 아이에게 소리 지르
는 날도 많았다. 하지만 주저앉기보다 살고자 발버둥쳤다. 더
는 이렇게 살고 싶지 않아서 밤을 포기하고 새벽을 선택했다.

누가 하라고 부추겨서 시작한 게 아니었다. '간절함', 이 세 단어가 나를 움직이게 했다.

나 스스로 선택하고 행동하니 남의 눈치를 보는 횟수도 점점 줄어들었다. 남과 비교하는 나쁜 습관은 나도 모르게 없어졌다. 매일 새벽 커피를 마시며 책 읽는 게 좋았다. 한동안 '새벽 기상'을 못하는 날에는 스스로 자책하고 의지가 약한 사람이라고 압박했다. 부자마녀님이 말했다. 자책하지 말고 다시 하면 된다고. 그 말을 듣고 생각이 많이 바뀌었다. "하루 이틀 '새벽 기상'하고 말 게 아니니 오늘 못했다고 자책하지 말자. 아예 손 놓지만 않으면 된다." 실패에 대해 너그럽게 생각하고 그럴 수 있다고 인정하니 오히려 '새벽 기상'이 더 순조로웠다. 매번 손가락으로 '새벽 기상'한 날을 세지 않았다. 그냥 일상이 되었다.

내 집 마련과 이사를 목표로 열심히 가계부를 쓰며 앞만 보고 달렸는데 목표를 달성하고 나니 무엇을 해야 할지 몰랐다. "할 일 다 했다."리는 홀가분한 마음이 들었다. 생각 없이 즐기며 살았다. 내 집 마련 이후의 목표가 없으니 그냥 거기서 끝나고 말았다.

독서와 공부를 하면서 나의 꿈과 비전, 사명을 진지하게 생각했다. 비전과 사명은 단어가 너무 크고 어려웠다. 그래서 매주 목표를 세워 실천하고 1달, 6개월, 1년 단위로 목표를 세우고 실행했다. 나아가서 장기, 중기로 큰 틀을 잡고 년, 월, 주 단위로 세부적으로 나누는 연습을 했다. 매월 그해 세운 계획을 피드백하면서 수정 보완하고 실행하며 작은 성공을 쌓아갔다. 매일 가계부를 쓰며 돈 관리를 하고 블로그에 기록했다. 남들에게 보여주기 위해 한 것이 아니라 나와의 약속이었다. 종잣돈을 모아야 하는 확실한 이유가 생겼기 때문이다. 힘들고 느슨해지더라도 아예 손 놓는 일은 없었다. 매일 반복하다 보니 느슨해지는 횟수도 점점 줄어들고, 통장에 쌓이는 돈만큼 계획한 일이 이뤄졌다.

작은 성공이 쌓일 때마다 자신감도 조금씩 늘어났다. 플래너를 쓸 때도, 강의를 들을 때도 잘하자는 마음은 내려놓고 완주하자는 마음으로 시작했다. 그랬더니 시작이 쉬워졌다. 시작도 안 했는데 잘하려 들면 좌절만 돌아오고 시작을 못하기 때문이다. 독서, 가계부, 플래너, 강의 등 꾸준하게 그냥 하자는 마음으로 만들어진 시스템 안에 나를 넣어두고 모든 것을 일상으로 만들었다. 몸이 아파서 못하거나 피곤해서 늦잠을 자서 못해도 자책하지 않고 쉬다가 다시 했다. 목표를 플래너에 적어두고 책상 앞에 붙여 두었다. 눈에 보이는 곳에 목표를 붙여두니 힘들어도 때려치워야겠다는 생각은 들지 않았다. 몸은 쉬어도 마음만은 항상 목표를 놓지 않고 가지고 가기 때문이다.

할 수 있는 게 아무것도 없다고 생각한 때가 있었다. 늘 눈물 바람이었다. 남 탓만 했는데 생각을 달리했다. 하고 싶으면 눈치 보지 않고 그냥 했다. 좋은 습관이나 공부는 따라 했다. 나에게 도움이 되고 해야만 하는 것들은 하다가 쉽게 때려치우지 않았다. 힘들 때마다 5년 뒤 나의 모습을 상상하며 그냥 묵묵히 버티고 했다. 여전히 삽질을 많이 하지만, 그래도 여기저기 작은 점들을 많이 심어놓는다. 오늘도 작은 성공 하나를 쌓는다. 나는 내가 좋다. 나는 나를 사랑한다.

새벽을 만나고 달라졌다.
하루의 시작부터 스스로 해낸다.
시간을 내가 끌고 간다.
내 두 다리로 단단히 서서
한 걸음 한 걸음 뚜벅뚜벅
내 삶에 하나씩 발자국을 깊게 새긴다.

〈 제 5 장 〉

절대
무너지지 않는
성공의
디딤돌

새벽 기상 덕분에

서미숙

꼴찌의 삶을 일등으로 만들고 싶었다. 나이가 많아 못 따라갈 거라는 선입견이 싫었다. '새벽 기상' 시스템에서 가장 나이가 많았다. 평균나이는 30대 후반이다. 50대 중반이 되니 남의 인생을 부러워하며 살기에는 시간이 없었다. 천천히 갈 생각은 버렸다. 기시미 이치로의 《아무것도 하지 않으면 아무 일도 일어나지 않는다》라는 제목은 가장 좋아하는 글귀이기도 하다. 아무것도 하지 않고 살았다면 여전히 힘든 삶에서 허우적거렸겠지. 2년간 만났던 새벽 시간 덕에 내 경험이 하나씩 콘텐츠로 나왔다. 부자를 꿈꿨고 멘토가 알려주면 묵묵히 실행했다. 죽을힘을 다해 3년 안에 경제적 자유를 이루겠다는 목표를 향해 달렸다. 책 읽는 습관에 어느덧 읽은 책이 쌓였다. 독서의 힘이란 대단했다. 자존감이 올라간다. 두려움이 사라지고 입가에 미소 짓는 행복한 사람이 되어 있었다. 주도적인 삶을 살게 되니 단단해진 내가 보였다.

자기 계발이라곤 해본 적 없는 나는 젊은이들 속에서 힘겹게 사투를 하며 스스로 해낼 수 있을 거란 믿음이 없었다. 내세울 능력도 없는 중년의 시작이 버겁고 힘에 부쳤다. 잠이 많은 사람이었다. 잠자는 걸 좋아해 낮잠도 즐기던 사람이었다. 새벽에 일어나는 일이 가장 어려운 일 중 하나였다. 그럴 때마다 노후 준비가 안 된 내 미래를 생각했다. 무능한 부모 때문에 꿈이 좌절된 딸아이를 생각했다. 다시 벌떡 일어나는 힘이 생겼다. 인터넷 도구 사용이 어려울 땐 멘토를 찾아가고, 수 없이 강의 영상을 다시 돌려봤다. 그래도 모르면 묻고 또 물었다. 창피한 줄도 몰랐다. 오로지 배워야 한다는 생각뿐이었다. 불안한 마음을 잡고자 기댄 건 책이었다. 배움을 먼저 생각하고 부자는 어떻게 성공했을까? 생산자의 삶을 살기 시작하면서 부자의 습관을 관찰했다.

기록하기 시작했다. 블로그에 매일 포스팅하며 이야기를 채워갔다. 절실함보다 강력한 것이 또 있을까? 부자의 습관을 따라

하고 '새벽 기상'을 했을 뿐인데, 50대에 강의하고 프로젝트를 이끌게 되었다. 30여 년을 밥을 하니 요리가 콘텐츠가 되었다. 부자를 꿈꾸며 일주일 7만 원 살기를 시작했고, 밥상을 블로그에 기록했다. 일주일 7만 원 살기가 궁금한지 블로그 이웃들이 댓글로 물어보면 성심껏 대답했다. '새벽 기상'을 통해 나를 드러내기 시작했다.

운동과 독서를 하니 몸과 마음이 건강해졌다. 부자가 되어야겠다는 생각이 강렬해졌다. 예전엔 책을 즐겨 읽지 않았다. 끝까지 읽은 적이 거의 없었다. 책이란 나에겐 수면제였다. 책을 읽기 위해 환경을 바꿨다. 지저분한 책상을 정리했다. 커피 한 잔을 내려 매일 같은 시간에 책을 읽었다. 게으른 삶에서 부지런한 삶으로 바뀌었다. 온라인 줌 강의가 넘쳐나는 세상이다. 결이 같은 사람들과 교류도 하고, 생각이 같은 사람들과 함께 강의도 듣는다. 부동산 임장도 다녔다. 부동산 보는 눈을 키웠다. 지역분석을 하고 그 지역을 직접 가보면 공부가 저절로 되었다. 마감 기한이 있는 목표를 세우니 실행하게 되었다. 모든 건 '새벽 기상'과 독서가 만들어 준 기적이다. 리더가 되고 싶었고, 도움을 주는 메신저가 되고 싶었다.

세바시를 할 기회가 많아졌다. 하루 특강을 매달 하게 되었다. 함께 부자 되기 프로젝트도 시작하며 매달 새로운 사람들과 성장해 갔다. 이 모든 것은 '새벽 기상' 덕분이다. 내가 멘토에게 배웠듯이 경험담과 비결을 알려주었다. 부자가 되고 싶어 과정을 플래너에 적었다. 기록의 힘은 컸다. 매일 플래너를 적고 시간을 관리했다. 쓸 수 있는 시간을 하루 루틴 시간으로 정했다. 9시간이다. 직장을 다니는 것처럼 9시간의 루틴을 한다. 새벽 4~7시에는 급하고 중요한 일을 먼저 했다. 내게 중요한 일은 글쓰기와 플래너 쓰기였다. 플래너에 일과를 적는다. 중요한 일에는 형광펜으로 네모를 그려 넣었다. 목표에 정성과 에너지를 쏟았다. 새벽 시간 덕분에 삶이 바뀌었다. 가족의 삶도 바뀌었다.

남편이 바뀌기 시작한 건 내가 '새벽 기상' 한 지 1년 만이었다. 추천 책이나 좋은 책을 거실 소파나 식탁, 침대 위에 두었다. 남편의 손에 닿을 만한 곳이면 어디든 놓았다. 지성이면 감천이라고 했던가? 《가슴 뛰는 삶》을 읽은 후 감동이 왔는지 남편이 넌지시 말했다.

"나도 내일부터 '새벽 기상' 할까 봐."

책이 남편의 마음을 움직였다. 5시에 일어나 책을 읽고 돈 공부를 함께한다. 영어 공부와 운동으로 하루를 시작하고 있다. 혼자보다 함께하기에 빠르게 부자 여행하는 중이다. 성공한 부자들의 시작은 '새벽 기상'과 독서다. 우리 부부도 '새벽 기상'하며 생각을 키워나갔고 독서로 해답을 찾았다. 디지털 도구에 약해 뭐든지 어려웠다. 뭔가를 시작하려니 느리기도 했다. 2년간의 새벽 4시 기상과 무작정 읽는 독서로 일상을 습관으로 만들었다. 간절함에 힘든 줄도 몰랐다. 더는 젊은 사람들과 비교하지 않았다. 느리고 서툴지만 꾸준함으로 완전히 내 것으로 만들었다. '새벽 기상' 모임인 '새마정'은 삶의 활력소이며 새로운 꿈을 꾸게 해 준 곳이다. 또한 꿈을 실현한 곳이다.

새벽 시간이 가져다 준 가장 큰 선물은 우리 가족의 변화다. 남편이 바뀌기 시작하니 딸 부부와 아들이 물들어갔다. 가족 단톡방에 '새벽 기상' 인증을 시작했다. 새벽 4시에서 6시 안에 일어나는 순서대로 아침 인사를 한다. 가족 단톡방 이름은 '머니 메이트'이다. 함께 돈 공부를 하며 독서로 토론한다. 부동산 임장도 다니며 공동 투자도 한다. 가족이 공동 적금을 들며 가계부로 지출 통제도 한다. '새벽 기상'으로 가족 전체가 주도적

인 삶을 살기 시작했다. 말로 해서 되는 게 아니었다. 행동으로
보이니 가족이 따라왔다. 앞으로 훌쩍 성장해 있을 우리 가족
은 '새벽 기상' 덕분에 밀도 있는 삶을 택했다.

멘탈 관리, 새벽이 최고다

안선민

아침이 되면 저녁에는 꼭 하겠다는 다짐을 한다. 저녁이 되면 내일은 반드시 할 거라고 결심한다. 악순환이다. 제대로 한 적이 없다. 그런 나를 질책한다. 자존감이 무너진다. 저녁에도 빨래를 개키지 못했다. 오늘은 꼭 옷을 꼭 정리해야 하는데. 아이들이 잠들면 일어나겠다고 마음먹었지만 아이들보다 먼저 잠들어버렸다. 언제쯤 계획대로 착착 해낼까?

메모지에 그날 할 일을 적었다. 눈에 보이면 하나라도 더 하겠지? 아니 해내야 했다. 하지만 직장에서 힘들었거나 유치원에서 돌아온 아이들이 유난히 보채면 아무것도 하지 못할 때가 많았다. 오늘 미루면 내일 힘들 텐데, 일과 아이들을 핑계 삼아 할 수 있는 일도 슬그머니 놓아 버렸다. 그런 내가 맘에 들지 않았다. 결국 아이들을 채근하고 다그쳤다. 웃으면서 하루를 마무리하고 싶었는데, 찡그린 얼굴로 잠자리에 누웠다.

일, 육아, 집안일 3종 세트. 워킹 맘에게는 하루 24시간이 모자라다. 딱 1시간만 더 있었으면 좋겠고, 아이들도 둘이서 잘 놀면 좋겠다. 그러면 나도 더 잘해 낼 것 같은데. 늘 시간에 쫓겼고 내 앞에 닥친 현실을 탓했다. 내 일도 내 역할도 버거웠다. 나를 책망하고 핑계로 미룬 일 때문에 마음도 쉽게 지쳤다. 그때 내가 어떤 마음이었는지 말하기도 귀찮다. 그냥 힘들다. 시간을 더 만들 수 없다면 딱 10분만 쉬어도 좋겠다. 바로 힘이 솟아나 내 일도 역할도 모두 다 잘할 수 있을 것 같다.
“이걸 못해? 저거라도 해야지. 그게 화낼 일이야? 또 시작이네.”
매일 반복한다. 후회하고 다짐하고. 다시 제자리다. 오늘도 실패한 건가.

일기를 썼다. 하루 일정을 적는 플래너에 그날 인상 깊었던 일을 짧게나마 적었다. 특별한 일이 생긴 날도 있고, 별것 없는 평범한 날도 있었다. 어떤 일이든 상관없이 그날 좋았던 일, 안 좋았던 일을 가리지 않고 하나씩 적었다. 다 적고 나서 한번 읽어 보면 늘 실수투성이였다. 이렇게 하면 더 좋았을 텐데 하는 아쉬움도 남았다. 내 머릿속은 잘못한 일이 가득한데 글로 옮기니 잘한 일도 한두 가지 보였다.

"오늘은 괜찮았네."

몸도 지치고 마음도 힘들었다. 그러니 매번 짜증 낼 일만 일어날 수밖에 없다고 생각했다. 내가 투덜거리는 건 당연했다. 그런데 나의 하루를 종이 위에 적다 보니 나름대로 괜찮은 날도 있다는 걸 깨달았다. 실수도 하고 자책도 했지만 조금씩 성장하고 있었다. 하루를 맞는 마음도 부드러워졌다. 하루를 여유롭게 시작하게 되었다.

"엄마, 아무것도 하지 말고 나만 봐요."

저녁을 먹고 설거지를 하고 있었다. 거실에서 놀던 큰아이가 나를 불렀다. 유치원에서 배운 율동을 보여주겠단다. 이것만 정리하고 간다고 해도 소용없다. 부엌으로 와서 내 손을 붙들고 만다. 아이의 손에 이끌려 소파에 앉았다. 노래에 맞춰 이리저리 움직이는 손동작이 제법 유연했다. 손끝까지 섬세하네. 가끔 실수하던 동작도 완벽하게 익혔다. 노래를 부르며 율동을 연습하던 모습이 떠올랐다. 며칠 동안 끈기 있게 연습하더니 실수 없이 잘했다. 기특했다. 나의 칭찬을 들은 큰아이가 발그레 웃으며 내 품에 수줍게 안겼다. 아침에 일어나 어제 하루를 회상하면서 가장 먼저 떠오른 장면이다. 노래가 끝나자마자 내게 달려온 큰아이의 말똥거리는 눈, 엄마가 어떤 말을 해줄까 기대하는 얼굴이 생생하다. 노래가 끝날 때까지 나만 보던 아이의 눈, 그 마음이 고스란히 전해졌다. 이게 행복인데, 이제야 찾았다.

매일 자책하고 후회했다. 시간이 갈수록 나를 탓하는 시간이 많아졌다. 최선을 다하고 있는데 손에 쥐어지는 건 왜 없지, 속상했다. 몸도 지쳤다. 다 던져버리고 싶었다. 쌓아둔 설거지를 하려고 더 일찍 일어난 날 깨달았다. 새벽이 최고구나. 나를 사랑하고 행복을 찾을 수 있는 시간. 새벽은 날마다 반복되는 바쁜 생활에서 '여유'를 찾는 시간이었다. 응원한다. 다짐한다. 서툴고 채근하는 엄마도 없다. 오직 나만 있다. 내가 살아있다. 삶의 무게에 무너지는 나를 볼 때마다 일찍 일어났다. 멘딜을 붙잡았다. 새벽에 나를 만났다.

새벽 3시 반쯤 일어났다. 오늘은 평소보다 1시간 정도 일찍 일어났다. 어젯밤에 다 못 끝낸 설거지가 남아 있어서였다. 양치를 하고 바로 앞치마를 입었다. 이어폰을 끼고 좋아하는 노래를 들었다. 아이들이 깨지 않게 조용히 설거지를 마무리했다. 싱크대 주변을 정리하고 행주를 깨끗이 빨았다. 그릇 위에 널고 나면 끝. 아이들 도시락을 가방에 넣고 입을 옷을 챙겼다. 45분이 지났다. 저녁에 하면 더 오래 걸렸을 텐데, 이 정도면 괜찮다. 새벽에 일어나니 밀린 일도 했네. 잘했어. 이제 좋아하는 작두콩 차를 우려내고 식탁 의자에 앉는다.

새벽 4시 20분. 이제 시작이다. 내가 그토록 기다렸던 시간, 나만의 시간이다. 하루가 바쁜 나에게 내 시간을 찾기란 어려웠다. 거실이 난장판인데, 아이들이 내 팔을 끌어당기는데 내 시간이 어디 있어. 얼른 치우고 같이 놀아줘야지. 새벽은 그런 나에게 꼭 필요한 시간과 공간을 주었다. 모두 자고 있다. 내 옆에 아무도 없다. 나 혼자 있고, 내가 하고 싶은 대로 할 수 있다. 좋다. 힘들어도 일어난다. 오롯이 내가 숨 쉴 수 있는 곳이 여기 있다. 행복하다!

실천, 오직 실천이 전부다

김민혜

 삶에서 했던 유일한 실천은 '게으름'이었다.

2006년 6월, 대학교 2학년 1학기 기말고사를 끝낸 기념으로 친구들과 학교 근처 경포호수로 놀러 갔다. 시험이 끝난 해방감으로 즐겁게 시간을 보내던 중, 친구 한 명이 호수 근처 카페가 즐비한 곳을 가리키며 말했다.

"우리 저기 한번 가볼까?"

그곳은 바로 사주카페였다. 10년 후 내가 어떻게 살고 있을지 궁금하면서도 한편으로는 안 좋은 얘기를 들으면 어떻게 하지? 하며 호기심 반 걱정 반으로 그곳의 문을 열었다.

"팔방미인이야. 근데 게을러. 게을러서 아무것도 못해."

정확했다. 나는 게을렀다. 학교 다닐 때는 과제를 미루다가 결국 제출기한 하루 앞두고 발등에 불이 떨어진 뒤에야 했다. 직장에서도 일과시간에는 커피를 마시면서 여유 있게 쉬운 일만 하고, 항상 야근을 했다. 특히 업무에 대한 중요도를 체크하지 않고 눈앞에 보이는 일부터 해결했다. 정작 중요한 일은 늘 뒷전이었다. 상급자의 재촉이 있으면 그제야 집중하며 일했다. 반복되는 '게으름'으로 마음은 항상 불편했다. 해야 할 일을 안 하니 선생님께 혼날까 봐 걱정됐고, 상급자에게 신뢰를 잃을까 봐 눈치를 봤다. 그러면서도 게으른 습관을 버리지 못했다. '게으름'은 핑계 삼기 딱 좋은 말이었다. 할 일을 하지 않았을 때 위안 삼기 좋았다. 노력 없이 바로 포기할 때도 적당한 말이었다. '게으름'으로 인해 불편한 마음이 생길 때마다 그날을 떠올리며 "어머, 그 사람 말이 맞나봐!" 하고 생각하면 이내 마음이 편해졌다. 그동안 게으름 뒤에 숨어 살았다.

2021년 3월, '새벽 기상'을 시작한 지 1년 5개월이 지났다. 열정은 식어가고 있었다. 주말에만 한 번씩 늦잠을 자곤 했었는데, 급기야 평일에도 늦게 일어나기 시작한 것이다. 과거로 회귀되고 있었다.

"다시 과거로 돌아갈 수 없어."

절박한 외침이었다. 다시 과거로 돌아가고 싶지 않았다. 대책이 필요했다. 때마침 첫째 아이의 초등학교 입학과 함께 육아휴직을 하게 됐고, 그동안 게으름 뒤에서 하지 않았던 일들을 찾기 시작했다. 그 시작이 청울림의 '자기 혁명 캠프', 부자마녀의 '새벽마음정원', 이은대 작가의 '자이언트 북 컨설팅'이었다.

'자기 혁명 캠프'는 토요일 10시에서 13시까지 5주 동안 진행되었다. 대중교통으로 왕복 3시간이 소요되는 오프라인 강의에 참석하는 일은 쉽지 않았다. 또한 매일 해야 하는 미션과 매주 제출해야 하는 과제도 부담이었다. 일하는 나에겐 프로그램 참여가 거의 불가능했다. 하지만 절박함이 닿았던 것일까? 4월 처음으로 평일 강의가 생겼고, 육아휴직 중이었던 나는 자기 혁명 캠프 17기에 참여할 수 있었다. '새벽마음정원'은 '새벽 기상'을 하는 사람들이 모인 프로그램이었다. 들쑥날쑥한 '새벽 기상'으로 과거의 삶으로 돌아가기 직전이었다. 적당한 강제성이 필요했고, 돈을 내고 하는 '새벽 기상'이면 충분히 습관화될 수 있을 거라 판단했다. '새벽마음정원' 또한 4월부터 참여했다. '자이언트 북 컨설팅'은 부자마녀의 채널을 통해 알았다. 학창 시절 상 한 번 타 본 적 없는 글짓기 실력이었다. 글 잘 쓴다는 소리 또한 들어본 적 없었다. 일상의 생각과 느낌 정도만 남겨볼 생각으로 신청했다. 프로그램 신청과 함께 게으름은 수시로 찾아왔다. 지금이라도 그만두고 환불받으라고 끊임없이 유혹했다. 그때마다 흔들리고 있었다. 프로그램 시작하기 전날까지 찾아온 게으름에게 나는 물었다.

"그래서 과거로 다시 되돌아갈래?"
게으른 나는 꿀 먹은 벙어리처럼 가만히 있었다. 할 말이 없었다. 그동안 아무것도 안 했던 사람이었다. 어떤 변명도 허락되지 않는, 자신에 삶을 그대로 방치했던 나였다. 이대로 살 순 없었다. 죽기 직전에 오늘의 순간이 후회될지도 모른다는 두려움이 엄습해 왔다. 결심했다. 도전하기로.

'자기 혁명 캠프'에 참여하는 동안 고등학교를 갓 졸업한 20살부터 50대 가장까지 다양한 연령대의 사람들을 만났다. 자신의 삶을 더 나은 방향으로 이끌기 위해 모인 사람들이 주고받는 열정과 영향력은 강력했다. 멀리 가려면 함께 가야 한다는 말을 체감할 수 있었다. 나 역시 팀장 임무를 수행하면서 적극적으로 참여했고, 덕분에 주간 MVP에 선정되기도 했다. '새벽마음 정원'을 통해 나는 '잠이 오는 것을 참고 겨우 새벽에 일어나는 사람'에서 '새벽 4시면 일어나는 사람'이 되었다. 리더인 '부자마녀'와 함께 치열한 새벽 시간을 보내는 사람들의 응원 덕분이었다. 연간목표 작성 등 각기 다른 4개의 주간 미션과 참여 후기를 매주 작성했다. 매월 같은 질문을 하고 대답하기를 반복하며 자신과 대화를 한 덕분에 삶의 방향성을 찾을 수 있었다. 삶의 방향성이 보이자 '새벽 기상'은 습관화되었다. '작가'는 '하늘에서 내리는 눈이 설탕처럼 보이는 사람'만 될 수 있는 것이라 여겼다. 하지만 나는 눈(雪)을 보면 어렸을 때 부모님과 함께 눈사람 만들던 기억만 났다. '자이언트 북 컨설팅' 수업에서 이은대 작가는 "뜬구름 잡는 소리 하지 말고 자신에 경험과 생각을 적으면 된다."고 했다. 과거의 경험을 적고 오늘의 감정을 적으니 한 편의 글이 완성되었다.

실천이 전부다. 게으름도 실천이었고, 지금의 변화도 결국 실천이다. '새벽 기상'도 안 하면서 '새벽 기상'이 안 맞는 사람이라 생각했고, 일기를 제외한 글은 단 한 번도 써 본 적이 없었다. 실천할 생각은 안 하고 그저 천성이 게으른 사람이라고민 여겼다.
"이봐. 한번 해보긴 해봤어?"
故 정주영 회장의 말처럼 '도전'과 '실천'만이 모든 것을 가능

하게 한다는 것을 경험했다. 변화된 삶을 위한 도전! '새벽 기상'을 매일 실천하면서 나는 결국 변했다. 어제 '새벽 기상'을 못했어도 오늘 일어나면 된다. 매일 쓰면 글쓰기 실력은 어제보다 나아질 수밖에 없다. 나는 게으른 사람이 아니었다. '실천을 안 했던 사람'이고, '지속하는 힘'이 부족했던 것뿐이다. 더이상 '게으름' 뒤에 숨지 않는다.

'띠리리리.'

핸드폰 알람 소리에 잠에서 깬다. 새벽 4시다. 반쯤 감긴 눈으로 눈부신 액정화면을 보며 겨우 알람을 끈다. 이부자리에서 나오는 일은 여전히 망설여진다. 포근한 이불 속에서 더 자도 되는 적당한 핑계를 찾는다. 마땅한 이유가 없다. '그래 일어나자.' 이불 밖으로 나와 화장실로 간다. 세수를 한 뒤 간단하게 몸을 풀고 책상에 앉는다. 맘에 드는 문장이 떠오르지 않아 30분 동안 썼다 지웠다 반복하고 있다. 뚫어져라 쳐다보던 노트북 화면이 점점 흐려진다. 자리에서 일어나 집을 나선다. 그리고 달린다.

'실천. 오직 실천이 전부다.'

엄마가 달라지면 세상이 바뀐다

남윤희

2007년 7월. 나는 엄마가 되었다. 아이가 100일 조금 넘었을 때 회사에 복직해야 했다. 복직하던 날 아침은 늦가을에서 겨울로 넘어가고 있었다. 아이를 어린이집에 맡기고 출근하던 그날이 생각난다. 아이는 엄마의 마음을 아는지 모르는지 아기 이불에 폭 싸여 새근새근 자고 있었다. 고마웠다. 아이가 울었다면 그날 출근을 못했을 것 같다. 세상모르고 잠든 아이를 원장님 손에 안겨드리고 뒤돌아 나왔다. 코끝이 찡했다. 차가워진 공기 때문만은 아니었을 거다. 모래주머니 만 개를 두 다리에 묶어둔 걸음으로 버스정류장에 도착했다. 버스를 기다리며 혼잣말을 말했다.

"워킹 맘이 어디 너뿐이니? 유난 떨지 말고 출근하자. 늦었다."

15년 전 그날의 나를 꼭 안아주고 싶다. 일하며 아이를 돌보고 가사일까지 한다는 것은 힘든 일이다. 워킹 맘으로 15년을 살 수 있었던 것은 엄마 덕분이다. 새벽잠 설치며 모유 수유를 하는 딸이 안쓰러워 분유로 손자를 챙겼다. 당신 딸이 잠에서 깰까 내 아이를 엎고 밤새 작은 거실에서 제자리걸음으로 아이를 달래셨다. 아이가 아플 때 어린이집에 맡기고 출근하는 날에는 아이에 대한 죄책감만 쌓였다. 퇴근 후 집에서 아이를 업고 싱크대 앞에 서 있는 엄마를 보면 고마움을 넘어 미안했다. 여러 이유로 일을 그만두고 집에 있을까 했다. 그때마다 내 마음을 다잡게 도와주신 분은 엄마다. 젊은 시절 온 힘을 다해 딸들을 가르친 엄마다. 딸이 좋아하는 일을 그만두는 것을 당신이 직장을 잃는 것처럼 안타까워하셨다.

"아이는 내가 봐줄 테니 네가 하고 싶은 일을 해. 엄마가 도와줄 수 있을 때까지 도울게."

엄마는 초등학교 졸업에 중학교는 중퇴다. 6남매 중 셋째로 태어나신 엄마는 위로는 언니와 오빠, 아래로는 남동생 둘에 여동생 하나. 그래서 엄마는 공부할 수 있는 상황이 아니었다. 7년 전, 엄마 나이 60세가 훌쩍 넘어가고 있었다. 어느 날 엄마는 검정고시를 치르고 싶다고 하셨다. ‘아이 봐주시면서 공부라니. 인제 와서 무슨 검정고시를 보신다고….’라며 속으로 중얼거렸다. 그후 얼마 지나지 않아 엄마는 검정고시 학원에 등록하셨다. 손자를 업고 돋보기를 쓴 채 시험을 준비하셨다. 학원에서 모의고사 볼 때는 아이를 업고 가셨다. 엄마의 간절함이 느껴졌다. 그렇게 1년 만에 검정고시에 합격하여 고졸이 되셨다. 엄마의 공부는 계속되었다. 합격증 잉크도 마르기 전에 엄마는 바로 방송통신대학교 청소년 상담학과에 지원하여 입학하셨다. 그토록 꿈꾸던 대학생이 되셨다. 과제가 있을 때는 엄마와 내가 함께 밤을 새웠다. 종종 짜증은 냈지만 그래도 웃는 엄마가 좋았다. 시험 때마다 내가 해드릴 수 있는 것은 우황청심환을 사다드리는 거였다. 한 번의 낙오 없이, 휴학 없이 엄마는 재작년에 졸업하셨다. 학사모를 쓰신 엄마를 거하게 축하해 줄 참이었다. 그런데 졸업식 즈음 코로나가 시작됐다. 졸업식이 취소되고 졸업여행을 포함해 모든 행사가 취소되었다. 엄마의 얼굴엔 아쉬움과 실망감이 가득했다. 나도 그랬다. 나중에 들은 이야기지만, 엄마 대학 동기들끼리 따로 스튜디오에서 찍었다고 하셨다. 가끔 나는 학사모를 쓰신 엄마 사진의 먼지를 닦는다. 엄마가 몸소 나에게 가르쳐주신 것은 배움이다. 그런 엄마의 모습을 보고 나도 배운다. 훗날 나의 자녀들도 나의 뒷모습을 보고 성장할 것이다. 그러니 내가 달라져야 한다. 우리 엄마가 도전했고, 지금 나도 바라던 일에 도전하고 있다. 우리 아이들도 스스로 도전하고 배움을 키워나갈 것이다. 한 명, 두 명, 배움을 놓지 않는 엄마들이 많아진다면 그 자녀들도 바뀌게 되고 세상도 바뀔 것이라 믿는다.

엄마의 영향이었을까? 육아를 시작하면서 미술치료 학문에 관심을 가졌다. 그림을 전공한 나는 아이와 할 수 있는 놀이를 찾던 중에 《미술치료 요리책》을 읽었다. 이 책에서 처음으로 '미술치료'라는 단어를 알게 되었고, 이때부터 한국 미술치료에 대한 다양한 정보를 찾기 시작했다. 그리고 예술(미술치료 전공) 치료학회에서 운영하는 아카데미에서 2년 과정을 수료했다. 그리고 10년 후 나는 대학에 편입학했다. 상담 심리와 미술치료학 복수전공으로 학위를 받았다. 아이와 함께 할 수 있는 놀이를 찾기 위해 시작한 공부가 나의 정체성을 찾는 공부로 이어졌다. "육아는 책으로 배웠어요."처럼 책을 읽고 공부해도 처음 엄마 노릇을 하는 나에게는 모든 것이 낯설고 어려웠다. 엄마가 되면 저절로 할 수 있는 일이라고 생각했다. 나의 양육 가치관은 부재한 채 남들의 기준에 맞추느라 방법적인 부분에만 집중했던 날이 아쉬웠다. 그 당시 한다고 했지만 마음대로 잘 되지 않을 때가 많았다. 스스로 자책하는 날도 많았다. 양육 가치관의 부재는 진짜 소통해야 하는 정서적 양육의 심각한 부재로 이어졌다. 아이는 짜증이 점점 많아졌고, 의사 표현을 울음이나 떼쓰기로 표현하기 시작했다. 한번 터진 울음은 쉽게 그치지 않았다. 밤에는 심한 잠꼬대로 온 식구가 깨어나는 일이 잦아졌다. 훈육을 하면 충분히 변화하리라 생각했지만, 생각과는 달랐다. 지금 생각해보면 말을 논리적으로 못하는 아이를 이해하기보다 다그치기 바빴다. 내가 원하는 대로 아이가 말을 듣도록 하는 데만 집중을 했을 뿐, 아이의 마음을 미처 헤아리지 못했다. 아이는 점점 마음이 아파가고 있었다. 그러던 중 찾았던 상담실에서 '마음 처방전'을 받게 된다. 매일 하루 15분 아이와 노는 것이다. 아무리 피곤해도, 집안일이 산더미로 쌓여있어도 퇴근 후 아이와 놀기를 했다. 약속한 15분은 목숨처럼 지켰다. 3개월 정도 했을 때 아이의 표정과 말투가 바뀌었다. 울면서 이야기하는 횟수도 많이 줄었고, 밤 잠꼬대는 사라졌다. 그저 하루 15분 옆에서 함께 놀아줬을 뿐이다. 다그치고 나무라던 나의 말투도 점점 달라졌다. 아이는 나와의 놀이 시간을 목 빠져 기다렸다. 그제야 아이가 보였다. 내가 변하니 아

이가 변했다. 부모의 생각과 말과 행동이 아이들의 심성을 만
든다는 것을 알았다. 아이들을 따뜻한 심성을 가진 아이들로
키우고 싶다. 그러니 나부터 따뜻한 심성을 가지도록 바뀌어야
한다.

좋은 사람이 곧 좋은 엄마다. 청국장을 먹으면 몸에서 청국장
냄새가 나고, 김치찌개를 먹으면 김치찌개 냄새가 난다. 내가
사는 모습이 내 삶의 향기가 된다. 나의 향기는 나보다 남이
더 잘 맡는다. 나만의 그윽한 향기를 가진 사람이 되자. 좋은
사람이 되어야 좋은 엄마가 된다는 것을 알았다. 결국 아이들
에게 가르쳐야 할 것은 배움을 통한 ‘삶의 태도’라고 생각한
다. 내가 배워야 할 것도 삶의 태도이다. 아이와 함께 배워야
한다. “내 삶이 곧 메시지다.”라고 간디는 말했다. 괴롭고 힘
든 순간은 누구에게나 온다. 문제가 풀리지 않아 고민하는 순
간 아이는 자연스럽게 부모의 모습을 떠올리게 된다. 삶이 괴
로울 때, 힘들고 지칠 때 ‘존재 자체로 충분하다는 것’을 아이
들에게 알려주고 싶다. 내 아이들에게 진짜 행복을 가르칠 수
있는 사람은 나다.

엄마가 달라지면 세상이 바뀐다.

나는 엄마다. 내가 달라지면 세상이 바뀐다.

세상에 지름길은 없다 – 차곡차곡

정혜정

뽀로롱~ 변신 완료! 만화 속 주인공들은 뱅그르르 돌기만 하면 완전히 다른 사람이 된다. '새벽 기상' 550일, 15년 차 미술치료사, '마음 튼튼 놀이터'라는 온라인 프로그램 선생님, 엄마 코칭 전문가. 사람들은 이 단어들에 "대단해요." 라는 댓글을 단다. 하지만 나는 만화 주인공들처럼 한순간에 변화한 것이 아니라 차곡차곡 한 계단씩 걸어온 사람이다. '새벽 기상'을 시작할 때 나의 기상 시간은 6시 30분이었다. '새벽 기상' 단톡방에는 새벽 4시, 5시에 '굿모닝'이라는 카톡들이 올라왔다. 매일 마지막 굿모닝 카톡은 나였다. 남들에게는 새벽이 아니라 아침일 수도 있는 시간에 일어났다. 그러면서도 늦잠을 자거나 못 일어나는 날도 많았다. 저질 체력이라서 조금만 무리해도 탈이 났다. 허리디스크 통증이 심해서 한 시간도 앉아 있기 힘들었다. 게다가 느린 손으로 육아와 직장 일을 후다닥 처리해야만 하는 워킹 맘이었다. 그때의 나는 그저 시간제한 없이, 느긋하게 읽고 싶은 책 한 번 읽어보는 것이 간절한 소망이었다. 한 시간만 앉아 있으면 내 허리 알람은 통증을 울려대곤 했었다.

한 시간마다 알람을 울려대는 허리디스크. 새벽 6시에도 무거운 눈꺼풀, 조금만 욕심을 부리면 바로 뻗어버리는 저질 체력. 조건으로 치자면 새벽 기상계의 흙수저라고 해야 할까? 잠은 또 어찌나 많은지. 고3 때도 아침 9시에 등교를 하는 수험생이었다. 지각하다가 담임 선생님, 학생주임 선생님, 교장 선생님까지 학교 선생님들을 섭렵했던 나였다. 내가 새벽에 일어난다니, 가장 놀란 사람이 친정 식구들이었다. 게다가 나는 '승부욕', '독기', 이글이글 불타오르는 눈빛! 그런 눈빛이 하나도 없는 사람이었다. 세상에서 '독한 사람'이 제일 부러운 나는 무엇을 시작할 때 열정적으로, 적극적으로 앞서서 선두를 달리는 사람은 아니다. 그러나 나는 끝까지 달리는 사람이다. 꼴등이든, 느려 터졌든, 흙수저든, 독기가 없든 나의 출발선은 상관없다. 내 모든 일의 데드라인은 '10년'이다. 무슨 일을 시작하든

'10년은 꾸준히 노력할 것' 이 나와의 약속이다. 10년을 해보고 그때 "힘들다. 어렵다. 나에게 안 맞는다."라는 말을 하자. 그것이 나만의 시작 조건이다. 미술치료사를 시작할 때도 마음속으로 얼마나 많은 파도가 일었는지 모른다. 내가 이 일을 할 수 있는 그릇이 되긴 하는 걸까?부터 시작해서 동기들이 박사과정을 하네, 병원에서 안정적인 일을 하는 것이 내심 부러웠었다. 나는 육아와 일을 병행하느라 그저 겨우겨우 해나가는 정도였다. 차라리 '내 자식이나 잘 키울까?' 하는 마음에 육아만 하고도 싶었다. 그러나 맞벌이를 해도 늘 빠듯한 생활비였기에 그만둘 수도 없었다. 남들이 보기에는 화려한 직업일지 몰라도 연차가 쌓여도 근무조건이 나아지지 않는 직업. 육아도 일도 뭐 하나 제대로 하는 게 없는 것 같은 그때. 그때도 자신에게 "10년은 해보고 말해!"라며 다시 마음을 다잡고는 했었다. 그 하루하루가 쌓여서 10년이 넘어가자 미술치료사는 나에게 딱 맞는 옷처럼 잘 어울리는 직업이 되었다.

나의 '끝까지, 꾸준히', 이 단어에는 '오랜 찌질함을 참고 견디는' 이 숨겨져 있다. 책상에 앉아서 꾸벅꾸벅 조는 나를, 5분만 누워야지 하고 잠든 나를, 비몽사몽 중에 씻어 놓은 쌀에 커피를 쏟아버려서 '커피 밥'을 먹어야 했던 날들을 나는 좋아한다. 마법처럼 짜잔~하는 한순간의 변화보다는 내 손때와 시간이 묻어있는 일기장을, 새벽에 졸면서 쓴 글씨들을 좋아한다. '변신 완료'의 순간보다 그런 찌질한 순간들을 사랑한다. 그 시간의 내가 대견하다. 남들은 '과연 될까? 막막해서, 불안해서, 헛된 노력하기 싫어서, 힘들어서, 별로 성과가 없어서, 몸이 아파서, 상황이 안 돼서' 등등 수많은 이유에 걸려 넘어졌을 때 나도 똑같이 그 상황에 넘어졌다. '새벽 기상' 1년 차에 성과가 없는 것처럼 느껴져서 슬럼프가 왔었다. 앞으로의 날들도 뿌연 안개처럼 흐릿하기만 했었다. 그때도 다시 일어나서 걸었다. 나는 그때의 순간이 지나가는 과정임을, 서툰 시행착오의 순간들이 있어야만 빛나는 변신 완료가 이루어짐을 믿는다.

'새벽 기상'을 시작하거나 무슨 일을 시작하려고 한다면, 다른 사람들의 '변신 완료'의 모습만을, 결과만을 바라보지 말기를 바란다. 부모 상담 때 만나는 엄마들도, '새벽 기상'의 내 블로그 댓글들도 "해봐도 잘 안돼요."라는 글이 많다. 해봐도 잘 안되는 것이 정답이다. 처음부터 잘 되는 것이 있을까? 아이가 태어나자마자 배가 고파서 우는지, 졸려서 우는지 바로 아는 엄마가 있을까? 처음부터 아이 마음에 척척 공감하는 엄마들이 있을까? 아이가 울 때 답답한 엄마가 "나도 힘들어!" 하고 울던 날들이 있다. 그런 시간이 쌓여야만 아이의 울음소리만 들어도 "배가 고프구나! 졸리는구나!"를 아는 엄마가 된다. '새벽 기상'도 처음부터 새벽 4시에 눈이 번쩍 떠지는 사람이 있을까? 새벽 시간에 내가 독서가 집중이 잘되는지, 운동하는 게 맞는지 한 번에 자기 루틴을 만들어내는 사람이 있을까? 우리는 '시작과 동시에 바로 변신'하는 만화 속 주인공을 부러워하고 기대하는 게 아닐까? 현실에서는 만화와 다르게 해봐도 잘 안 될 때가 있다. "이제부터 '새벽 기상' 해야지. 새해부터 다이어트 해야지. 아이에게 화 안 내야지. 좋은 엄마가 되어야지." 이런 결심으로 빙그르르 한 바퀴 돌아도 그냥 도로 제자리일 때가 많다. "아직도 제자리야? 나 안 해!"라고 내팽개치면 계속 제자리 인생이다. 나 또한 처음에는 새벽 6시 30분 기상을 몇 달 동안 하고 그 다음 '새벽 6시, 몇 달 지나서 새벽 5시 30분, 이렇게 차곡차곡 2년이라는 시간을 쌓아가고 있다. '새벽 기상'에서 얼마나 일찍 일어나는지, 많은 루틴을 해내는지, 며칠을 '새벽 기상' 했는지가 중요한 것은 아니다.

'새벽 기상'을 하면서 넘어져도 다음 날 다시 일어났다. 다른 지름길은 없다. 매일 새벽 나를 이기는 경험. 다른 일보다 나에게 먼저 시간을 주는 새벽, 삶의 주도권을 내가 갖는 경험이 중요하다. 그 경험들이 차곡차곡 쌓이면 중간에 포기하는 일들이 사라진다. 살다 보면 어느 날은 상황이, 다른 사람이, 또 내 마음이 큰 파도를 친다. 계획했던 것도 아이가 아파서 갑자기 포기해야 하는 날도 있고, 열심히 준비한 일도 한순간에 무너지기도 한다. 억울하고 화가 난다. 파도에 휩쓸려서 종일 마음속이 어지럽다. 일이 손에 잡히지 않고 실수 연발이다. 파도에 넘어진 다음 날에도 나는 어김없이 새벽 5시에 일어난다. 쉽고 빠른 지름길을 기웃거리지 않는다. 넘어지는 날도 있지만, 절대 무너지지 않는다. 나는 차곡차곡 쌓인 새벽의 힘을, 내가 꾸준히 성장하는 사람임을, 결국에는 해내는 사람임을 믿는다.

06

빗방울이 바위를 뚫는다

원효정

툭하면 작심삼일이었다. 팔랑귀인데다가 쓸데없이 실행력이 높아 시작하는 건 잘했다. 끝까지 해내는 힘은 부족했다. 지구력이 약했다. 일기 쓰기가 세상에서 가장 어려운 숙제였다. 특히 방학 숙제는 매일 검사하는 눈이 없으니 늘 밀려서 썼다. 개학을 2~3일 앞두고 몰아 쓰는 것을 보면서 엄마는 말하는 것도 입이 아플 지경이라고 하셨다.

"기집애, 미리미리 좀 해놓지! 학교 갈 때 닥쳐서 한 달 전 날씨를 물어보면 내가 어떻게 다 기억하니."

지금이야 한 달 전 날씨도 검색해 보면 알 수 있다. 일기 내용도 문제였지만 날씨가 더 문제였다. 도통 8월 7일에 비가 왔는지, 해가 쨍쨍했는지 기억이 나지 않았기 때문이다. 미리미리 좀 해놓을 걸… 하는 후회는 그때뿐이었다.

결혼하고 썼던 가계부가 다를 리 없었다. 새해가 되면 늘 마음 먹고 가계부를 좀 써 보려고 했다. 거창하게 시작했다가도 일주일이 채 지나기도 전에 가계부는 조용히 책장에 꽂혀있는 액세서리가 되었다. 결혼 14년차가 될 때까지 가계부를 꾸준히 써 본 적이 없었다. 돈 관리가 잘 됐을 리 만무하다. 돈에 대해 위기의식을 느끼고 나서야 겨우 정신 차리고 가계부를 쓰기 시작했다.

불이 붙어 활활 타올랐다가 금방 꺼져버리는 성냥과도 같았다. 성냥은 초에 불이라도 붙이고 꺼지련만, 이내 사그라드는 의지는 이렇다 할 점 하나 찍지 못하고 조용히 사라졌다. '나는 왜 늘 이 모양일까?' 어느 것 하나 끝맺음 없이 하다 말아버리니 가뜩이나 무너진 자존감은 지하 깊숙이 파고들어 떨어질 대로 떨어졌다.

돈 공부 때문에 찾은 도서관, 여느 때처럼 경제·경영 영역으로 향하던 1층 열람실 한쪽 구석 북 카트가 보였다. 평소에는 그냥 지나치는데, 그날은 유독 눈에 띄었나 보다. 아무래도 운명의 책을 만나기 위함이었으리라. 노란색 표지가 특이했다. 《열정은 쓰레기다》. 아무 생각 없이 집어 든 제목 한마디가 세상에도 없을 든든한 내 편 같았다.

"바보야, 문제는 시스템이야."

여태껏 내가 하다 말아버린 건 나만의 문제가 아니라 원래 사람의 의지는 그다지 강하지 않아서 그런 거라고, 그러니 의지에 기대려고 하지 말고 할 수밖에 없는 시스템을 만들라고 말해 주는 것 같았다. 시스템을 강조한 책을 여러 권 읽었다. 좋은 습관도 좋은 시스템 안에 있어야 한다는 것을 알았다. '새벽마음정원(새마정)'이라는 시스템을 만들고, 이 프로젝트를 어떻게 운영해야 하는지에 대한 고민을 풀어준 것도 시스템과 관련된 여러 권의 책이었다. 책은 늘 해답을 주는 좋은 스승이었다.

꾸준히 쓰지 못했던 가계부를 매일 쓰게 된 것도 시스템 덕분이다. 당시 온라인 세상을 몰랐기 때문에 어떤 시스템 안으로 들어가진 못했다. 대신 나 스스로 매일 쓸 수밖에 없는 시스템을 만들기로 했다. 머니 플랜데이. 매일 말일 가계부를 결산하면서 가족들과 조촐한 파티를 하는 날이다. 외식을 거의 하지 않던 우리 집에 공식적인 배달 음식이 허용되는 날이기도 했다.

"치킨 2마리 시켜줄 테니까 우리 가계부 결산 같이 할까?"

아이들은 가계부 결산이 뭔지도 모른 채 그저 엄마가 치킨 2마리 시켜준다니까 좋아했다. 아이들이 말일을 손꼽아 기다린다. 가계부 결산을 해야만 했다. 가계부 결산을 하려면 가계부를 매일 써야 했다. 가계부를 매일 쓰기 위해서 돈을 쓰면 무조건 적어보기라도 하자며 나 자신에게 주문했다. 돈무적이라고 하는 주문과도 같은 이름은 그렇게 만들어졌다. 이전과 달라진 것이라면 매일 새벽마다 가계부를 썼다는 것이다. 매일 새벽을 깨우니 자연스레 새벽마다 가계부를 우선으로 썼다. 매일 쓰는 가계부가 내 돈을 관리해 주었다. 우리 집 자산은 몇 년 사이에 수십 배로 뛰었다. 매일의 새벽이 없었다면 가계부도 없었다. 매일 하는 힘, 빗방울이 모여 바위를 뚫게 된 것이다.

"어떻게든 하게 되더라."는 말보다 "내가 해냈어."라는 말을 더 좋아한다. 하는 것과 해내는 것의 차이는 명백히 다르다. 어쩔 수 없이 죽지 못해 살아지는 사람과 어떤 일이 있어도 꿋꿋하게 살아내는 사람은 그들이 찍는 발자국의 깊이도 다르다. 새벽을 만나기 이전의 나는 죽지 못해 사는 사람이었다. 해야만 하는 일을 처리하기 급급해 시간이 나를 끌고 갔다. 당연히 내가 내 삶에 남기는 발자국은 긴 꼬리를 지닌 얕은 발자국이었다. 시간이 자연적으로, 어찌 보면 강제적으로 흘러가지 않았다면 내 시간은 더디게 갔을 것이다. 꾸역꾸역 하루의 내 삶의 일들을 처내기 급급했으니까.

새벽을 만나고 달라졌다. 하루의 시작부터 스스로 해낸다. 시간을 내가 끌고 간다. 내 두 다리로 단단히 서서 한 걸음 한 걸음 뚜벅뚜벅 내 삶에 하나씩 발자국을 깊게 새긴다. 솜사탕처럼 밀도 없이 부피만 커진 나는 새벽을 만나 그 솜사탕을 꼭꼭 뭉쳐냈다. 새벽 3시, 내가 맞춘 알람 소리를 듣고 내 손으로 방문을 열고 걸어 나온다. 커피 한 잔 진하게 내리자 고요한 집안에 커피 향이 가득하다. 책상에 앉으니 스탠드가 책상 위를 비춘다. 깜깜한 공기 속에 동그란 조명 하나에 의지한다. 시간을 계획하고, 독서를 하고, 가계부를 쓰고, 경제신문을 읽고, 글을 쓰는 하루를 시작했다. 매일의 새벽은 나를 중심에 두고 생각할 수 있게 해주었다. 새벽에 얼마나 일찍 일어나는지는 중요하지 않았다. 내가 스스로 하루를 시작하느냐가 더 중요한 것이다. 내가 스스로 시작하는 하루가 쌓여 일주일이 되고, 한 달이 되고, 1년이 되고, 10년이 되면 내 삶은 자연스레 내가 원하는 인생이 된다. 내 삶을 내가 하고 싶은 것으로 채웠다. 내가 원하는 것으로 채우는 하루가 쌓이니 내 삶의 주인이 되었다.

작심삼일로 엄마에게 꾸지람을 받던 내가 가장 지루한 것을 매일 해내는 사람이 되었다. 독해서도 아니고 뭔가 특별한 것이 있어서도 아니다. 시스템 때문만도 아니다. 시스템 덕을 보기도 했지만 큰 힘이 되어 준 것은 사람이었다. 함께하는 힘이었다. 충분히 녹아들어 마음을 열었더니 그 속에서 함께 성장하는 사람이 되었다. 딱 반 발자국 앞에서 내 사람들과 손잡고 걸어 나갔다. 의지박약에 지구력도 약했던, 그저 시작하는 것 하나만큼은 잘하던 내가 시작을 넘어서 끝까지 해내고 여러 가지 성과를 내는 사람이 되었다.

"나는 왜 이리 끝까지 하지 못할까."
스스로 질문만 내리던지던 나였다.
"시작을 했기 때문에 성과도 나온 겁니다."
이제는 시작하지 못해 고민하는 사람들에게 시작이라도 해보자고 말하는 내가 됐다. '시작'에 '매일 해내는 것'을 덧붙였더니 성과 내고 성장하는 내가 되었다. 두 주먹 불끈 쥐고 어떠한 성과를 내겠다고 덤벼들지 않아도 된다. 목표를 세우고 목표와 관련된 일을 매일 해내다 보니 어느새 이루는 사람이 되었다. 무엇이든 해낼 수 있는 사람이 되는 것이다. 좋은 습관을 매일 하는 것은 솔직히 어렵다. 혼자였기 때문이다. 꾸준히 하는 것은 어렵다. 의지만 다지고 했기 때문이다. 혼자 외롭게 좋은 습관을 쌓느라 고군분투하는 대신 함께 할 수 있는 사람을 찾고자 했다. 같은 꿈을 가진 사람과 함께하니 서로에게 힘이 되었다. 아무것도 아닐 수 있는 개개인의 작은 존재가 모여 함께 서로를 도와 각자의 삶을 통째로 바꾸고 있다. 빗방울이 모여 거대한 바위를 뚫어버리는 것처럼.

07

함께하면 외롭지 않다

유현주

 **내가 지금 3년째 '새마정'을 하는 이유가 뭘까?** 결론부터 말하자면 시너지다.

초등학교 6학년 때 운동회 날이다. 청군과 백군으로 나누어 공굴리기를 한다. 혼자선 굴릴 수 없는 큰 공이다. 함께 굴려 반환점을 돌고 제자리에 먼저 돌아오는 팀이 이기는 게임이다. 가장자리에 있는 아이들이 방향을 알려주어 반환점을 돌고 제자리에 돌아가야 한다. 혼자선 앞이 보이지 않아 반환점과 도착짐을 찾을 수 없다. 그야말로 팀워크를 보여줘야 이기는 게임이다.

'새마정'은 공굴리기다.

이제는 습관이 되어 혼자 할 수 있음에도 불구하고 내가 지금 여기에 있는 이유는 함께하는 이들로부터 얻는 시너지 때문이다. 혼자 앞이 보이지 않아 고개를 갸웃거릴 때 옆에서 길을 알려주는 친구이다. 힘겨워 지칠 때 토닥거려주는 친구가 있기 때문이다. 여전히 따라오는 의문들을 같이 나눌 수 있는 친구들이 있기에 힘찬 발걸음을 내디딜 수 있다.

결혼하고 살림을 꾸려가면서 가계부 한 번 제대로 적지 않았다. 통장에 내역이 다 찍히니깐 통장 관리만 잘하면 된다고 생각하고 열심히 통장정리만 했다. 회사에서 회계업무를 하면서도 정작 우리 집 재무 상태 확인은 제대로 하지 않았다. 가계부 적는 방법, 돈 관리 방법을 잘 알고 있다고 생각하고 마음만 먹으면 언제든지 할 수 있다는 자만심에 더더욱 실행하지 않았다. 결혼 7년 차 이사 갈 때 가계부를 적고 내 집 마련을 한 뒤로 가계부는 종적을 감춰버렸다. 나에게 가계부를 적고 돈을 관리하는 것은 어려운 것이 아니라 귀찮은 일이었다. 회사에서 숫자와 씨름하고 계산기를 두드리는데 집에서까지 그렇게 하고 싶지 않다는 변명만 늘어놓았다. 책도 읽을 줄 몰라 안 읽는 것이 아니라 시간이 없어서 안 읽는 것이고, 운동도 회사와 집안일 하느라 바빠서 못하는 것이지 마음이 없어서 못하는 게 아니었다. '새벽 기상' 좋은 거 알지만 잠이 많아서 못하는 거라늘 변명했다. 변명만 늘어놓다 보니 정작 하는 것은 아무것도 없었다. 그때그때 필요한 것들을 하고, 그 상황이 정리되면 언제 그랬냐는 듯 잊어버렸다. 의지가 강한 사람이라 마음만 먹으면 할 수 있다고 다짐해 놓고 여러 가지 유혹에 못 이겨 스스로 없던 일로 만들어 버렸다.

혼자 '새벽 기상'을 했다. 충분히 새벽에 일어날 수 있다고 생각했다. 일주일 만에 보기 좋게 무너졌다. 우선 방법을 몰랐다. 평소 생활은 그대로 유지한 채 잠을 줄여서 '새벽 기상'을 하려니 이겨낼 재간이 없었다. 일주일은 의지로 일어났다. 일주일도 안돼서 물러나면 체면 구겨지는 일이었다. 혼자는 불가능하다는 것을 알고 모임에 들어갔다. 함께하니 든든했다. 혼자가 아니라는 생각에 안도감이 들었다.
"며칠 하다 그만둘 줄 알았는데 제법 오래 한다!" 몇 년째 하는 걸 보고 끈기 하나는 최고라고 남편이 인정했다.
'나는 끈기가 많은 사람인가?' 하고 생각해 보았다. 여태껏 나의 선택으로 '새벽 기상'을 꾸준히 하였기에 틀린 말은 아니다.

하지만 함께 '새벽 기상' 하는 친구들 덕분에 그 지루한 시간을 견뎌 낼 수 있었다. 함께하고 서로 새벽 시간을 지지해 주다 보니 나의 새벽 시간은 단단하게 채워지고 자신감도 생겼다. 힘들거나 지치면 서로 토닥이며 잘하고 있다고 손잡아 주었다. 친구들 모두 각자의 시간 속에서 새벽을 단단하게 채워나가며 성장하는 모습을 보니 내 일처럼 기뻐서 열렬히 축하하게 된다. 서로 도와주고 선한 자극도 주고 있다.

한동안 손 놓았던 가계부를 다시 적기 시작했다. 월급을 받으면 대출금 내고, 아이 학교 보내고, 카드 대금 내고 생활하면 딱 맞는 돈이었다. 한 달살이 인생이었다. "여보, 우리는 언제쯤 할부 인생에서 벗어날 수 있을까?"라고 물었다. "다 그렇게 산다."라는 답이 돌아왔다. 나는 "모두가 그렇게 사는 건 아니야!"라고 말하고 싶었다. 하루살이 같은 생활을 벗어나고 싶었다. 자본주의 사회에서 낙오자가 되지 말자 생각하고 돈 공부를 하면서 종잣돈을 모으기 시작했다. 혼자 가계부를 적다가 함께하는 힘을 '새벽 기상'을 통해 익히 배우고 효과를 보았기에 가계부 모임에 들어가서 함께했다. 매일 함께 가계부를 적고, 신문을 읽고, 경제 도서를 읽으며 독서 모임도 했다. 온라인이지만 함께 생활을 나누고, 정보를 나누다 보니 친구 같고, 가족 같은 끈끈함이 생겼다. 가계부를 적는 게 귀찮은 일이 되지 않고 생활이 되었다. 바쁜 일상에서 시간을 아끼려고 물건들을 정리하고 생활을 단순화하려고 노력했다. 몸이 피곤하고 바쁘면 외식과 배달 음식으로 끼니를 자주 때웠는데, 가계부 모임 친구들 식단을 참고하여 식단도 짜고 식사에 더 신경 쓰며 건강도 챙겼다. 좋은 건 따라 하게 되고, 내가 해보고 좋은 건 알려주기도 했다. 한번씩 '이렇게 하는 게 맞나?' 하고 의문이 들기도 하는데, 그때마다 서로 아는 건 도와주며 해결했다. 지난 3년 동안 시행착오를 겪으며 매일 적던 가계부 덕분에 벗어날 수 없을 것 같던 카드 할부를 벗어나고 카드와 이별했다. 적금 들고 만기까지 가지고 갔던 일이 거의 없었는데, 만기 해약이라는 즐거움도 누려보고 계획했던 종잣돈도 마련했다.

책에 대한 갈증이 많았지만 완독하는 책이 거의 없었다. 1년에 한 권 보면 많이 볼 정도였다. 두꺼운 책은 두께에 압박을 느꼈고, 이해가 되지 않으면 나만 이해를 못하는 것 같아서 짜증이 났다. '새벽 기상' 하면서 제일 신경 쓴 부분이 독시다. 해을 내 생활의 일부로 만들고 싶었다. '새벽 기상' 친구들과 함께 매주 독서 모임을 했다. 독서 모임에 참석하기 위해 이해가 되지 않아도 완독하려고 노력했다. 완독하지 못해도 독서 모임에 참석하여 다른 분들 이야기를 들었다. 우리는 주말 새벽에 잠이 덜 깬 부스스한 모습으로 컴퓨터 앞에 앉아서 독서 모임을 했다. 캠핑을 가서도 참석하시는 분, 시댁에 가서도 참석하시는 분, 이동 중 차에서 참석하시는 분, 장소와 상황에 방해받지 않고 모여서 독서 모임을 했다. 책은 수면제라고만 생각했는데, 함께하니 다양한 책들을 보고 책을 이해하는 폭도 넓어졌다.

부자가 되고 싶었다. 지금보다 더 나은 삶을 위해 매일 새벽을 깨웠다. 방법을 몰라서 시행착오도 많이 겪었지만, 친절하게 가르쳐 주고 잘 이끌어주는 멘토가 있어 가능했다. 동기와 목적은 다르지만, 어제보다 더 나은 오늘, 내일을 위해 하루를 충실히 보내는 친구들이 있어서 꾸준하게 할 수 있었다. 혼자서는 굴릴 수 없는 큰 공을 함께 굴리고 있다. '새마정'과 함께라면 안 하는 건 있어도 못하는 건 없다.

08

여기까지 왔다면 더 멀리까지도 갈 수 있다

황선영

"꿈은 이루어진다!"

2002년 월드컵 이후 많이 듣는 말이다. 정말 꿈은 이루어질까?

결혼하면 직장생활은 그만하고 따뜻한 아침밥을 먹여 아이 등 교시키고 남편 출근시키며 살고 싶었다. 꿈은 꿈으로 끝났고, 아이를 어린이집에 보내고 출근을 했다. 현실은 육아도 하고 일도 하는 워킹 맘이다. 아이를 떼어놓고 직장으로 가는 발걸음이 무겁고 때로는 아리기도 했지만, 매달 나오는 달콤한 월급이 좋았다. 월급 노예로 살아가고 있다는 것도 모른 채.

아이가 커가니 돈은 더 필요했지만, 그 나이에만 볼 수 있는 아이의 예쁜 행동을 어린이집에서 보내온 사진과 영상을 통해서만 보고 있자니 아쉬웠다. 더 많은 시간을 아이와 함께하고 싶었다. 그래서 나는 퇴사를 준비했다.(물론 아직은 달콤한 월급을 누리고 있다.)

퇴사를 준비하며 만나게 된 키워드가 '경제적 자유'와 '디지털 노마드'다. 장소에 상관하지 않고 여기저기 이동하며 일을 할 수 있으니, 어느 날은 비가 오는 창밖을 보며 작업을 하고, 어느 날은 푸른 바다를 보며 일을 하는 게 디지털노마드의 일상이란다. 생각만 해도 행복했다. 그래서 꼭 이루고 싶었다. '디지털 노마드'로 '경제적 자유' 이루기! 엄마가 되고 새로운 꿈을 꾸기 시작했다.

독서부터 시작했다. 수많은 책에서 시간을 달리 쓰라고 했다. '새벽 기상'을 추천했다. 늦게 자고 늦게 일어나던 것에 익숙해진 수면 습관이 하루아침에 바뀔 리 없었다. 그래도 한번 해보는 거다. 10분 일찍 자고 10분 일찍 일어나기부터 시작했다. 정신없이 이불 속에서 빠져나와 그대로 출근하던 아침이 10분의 여유만으로도 달라졌다.

혼자의 힘으로는 처음 마음처럼 되지 않아 '새벽 기상' 모임에 참여했다. '새벽마음정원(새마정)', 내가 처음 '새마정'에 참여했을 때는 이 모임이 시작된 지 1년 정도가 지났을 때쯤이다.

이미 많은 사람이 함께 '새벽 기상'을 하고 있었다. 응원과 격려 속에 기상 시간을 조금씩 앞당겼다. '새벽 기상'의 핵심은 몇 시에 일어나냐 보다 몇 시에 자냐였다. 엄마의 '새벽 기상' 덕분에 12시가 다 돼야 자던 아이의 수면 습관도 조금씩 달라지기 시작했다. 매번 늦게 자는 아이 때문에 내 시간이 없다고 생각하면서도 아이를 일찍 재울 생각은 왜 못했을까? 나를 위해 시작한 '새벽 기상'이었는데, 아이의 좋은 수면 습관 만들기가 덤으로 함께 왔다.

모임을 통해 '새벽 기상'을 시작하니 혼자서는 생각하지 못했던 프로젝트를 함께할 수 있었다. 재테크 공부를 하고, 독서 모임을 하니 사고의 영역이 넓어지고 같은 사건을 보는 견해가 달라졌다. 나도 좀 괜찮은 사람, 멋진 엄마가 된 것 같아 뿌듯했다. 아이에게도 엄마는 새벽에 일어나 책을 읽는 사람이 되어 있었다.

'새벽 기상'을 하고 좋은 사람들과 함께했을 뿐인데, 이제 독자에서 작가가 된다.

"하다 보니 여기까지 왔어요."라고 말하는 사람들의 성공이 멋져 보였다. 뚜렷한 목표를 세우고 철저한 계획에 따라 얻은 결과도 소중하고 멋지지만, 순리대로 살았을 뿐인데 생각지 못한 성공이 따라와 주더라는 말을 나도 하고 싶었다. 어쩌면 아등바등 애쓰고 싶지는 않지만, 성공은 하고 싶은 도둑놈 심보를 포장한 마음이었을지도 모르겠다.

나는 자기 계발서를 좋아한다. 평범함을 비범함으로 바꾼 그들의 인생 이야기가 "이렇게까지는 못하겠다." 싶다가도 "어쩜 나도 할 수 있지 않을까?" 하는 기대감을 주기 때문이다. 독서를 시작하고, '새벽 기상'을 시작하고 좋은 습관을 만들었더니 작가가 되었다. 대단한 걸 이룬 건 아니지만 2년 전에는 생각지도 못한 내가 됐다.

첫 직장 출퇴근 시간이 왕복 4시간이었다. 5시 30분쯤에는 일어나 출근 준비를 해야 지각하지 않았다. 겨울에는 집을 나서면 세상이 온통 깜깜했다. 버스를 기다리며 올려다보는 아파트에는 불이 켜진 집이 몇 없었다. 불이 꺼진 집에 누군가는 여전히 따뜻한 이불 속이겠구나 싶었던 기억 때문에, 첫 직장을 퇴사하고 한동안 '새벽 기상'을 거부해 오던 참이다. 그랬던 내가 '새벽 기상'을 다시 시작했다. 작은 일상의 변화가 인생의 큰 변화를 이루었다. 내가 작가가 되다니!

아이를 키우고 육아에 집중하기에 시간이 없노라 했던 지난 몇 년의 시간을 다시 되돌리고 싶지만, 이제라도 이런 시간이 있음을 알고 도전했으니 감사하다. 새벽에 일어나기가 여전히 쉽지 않다. 그래도 일단 일어나 세수를 하고 따뜻한 차 한 잔을 옆에 두고 책을 펼치면 거기가 천국이었고 나무 그늘이었다. 호캉스보다 더 좋은 휴식이었다. 일찍 일어나 책을 읽고, 글을 쓰고, 강의를 듣고 출근하는 내가 참 대견하고 기특하다. 새벽이 주는 천국의 기쁨을 누리다가도 천근만근 무거운 몸과 땅에 닿을 듯 눈꺼풀이 내려오는 날이면 또 슬그머니 이불 속 천국을 누리기도 한다. 이래도 저래도 천국이니 얼마나 감사한가.

'새벽 기상', 그 하나의 공통분모로 만났을 뿐인데 오랜 친구보다 더 속내를 드러내는 절친이 되어 간다. 결이 같다는 말이 이런 걸까? 다른 인생을 살아왔고 가진 환경은 다르지만, 같이 웃고 울며 친구가 되고 가족이 되어 간다.

2년 전, 처음 '새벽 기상'을 시작했을 때가 생각난다. 육아 말고는 아무것도 할 줄 몰랐던 내가 책을 읽고, 블로그를 시작하고 작가가 됐다. 혼자서 빨리 가기보다 함께 멀리 가고 싶다. '새마정' 식구들 덕분에 여기까지 왔다. 이제는 더 멀리까지도 갈 수 있다. 곧 월급 노예에서 해방이다. 노트북 하나만 들고 세계 어느 명소에서 책을 읽고 글을 쓰는 나를 만나게 될 것 같다. 꿈은 이루어진다.

오늘도
기쁨이 충만한
색감으로 채워질
선물 같은 하루에
집중한다.

"이 작은 디딤돌 하나가"

김민혜

'모든 게 새벽 기상 덕분이었습니다.'

우연한 기회에 시작한 '새벽 기상'은 지금의 저를 있게 했습니다. 매일 새벽, 제 이야기를 적습니다. 버티며 살던 날들은 이제 글감이 되었고, 글감 넘치는 저는 오늘도 한 편의 글을 씁니다. 기적 같은 오늘이 그저 감사하고 또 감사할 뿐입니다. 글 쓰는 삶을 만들어 준 부모님과 가족, 지인들, 부자마녀님, 이은대 작가님, 청울림 대표께 감사한 마음을 전하고 싶습니다.

남윤희

글쓰기를 마쳤습니다. 완성이기보다는 시작입니다. 일어나지 않는 일에 대한 두려움은 버리고 완벽하지 않아도 나아가 보기로 했습니다. 《아티스트웨이》저자 줄리아 카메론은 이렇게 말했습니다.

"예술가의 길은 정서적이 여정이며 자기 자신에게로 돌아가는 순례길이다."

'새벽 기상'으로 나 자신에게로 가는 순례길을 매일 걷습니다. 그 여정을 함께할 수 있어 감사드립니다.

서미숙

새벽 시간은 오롯이 나만을 위한 시간이었습니다. 하루하루가 힘들었지만 적어도 작심삼일에 지치지는 않았습니다. 목적지로 가는 발걸음에 속도를 냈습니다. 어느 순간 조용히 묵묵히 해내고 있는 나를 보았습니다. 새벽 시간이 준 가장 큰 선물은 가족의 변화입니다. 대화 주제가 바뀌었고 TV가 꺼졌습니다. 함께하니 읽은 책이 쌓여갔습니다. '새벽 기상'을 했을 뿐인데 어느덧 입가에 미소 짓는 행복한 사람이 되어 있었습니다.

안선민

행복한 삶을 꿈꿨습니다. 불행했습니다. 새벽에 일어나면서 그건 단지 생각일 뿐이란 걸 깨달았습니다. 잠이 덜 깬 눈을 비비

며 애착 베개를 안고 거실로 나오는 큰아이, 눈부셔도 엄마 곁
에서 자겠다는 작은 아이, 이게 행복이란 걸 이제는 압니다. 행
복은 늘 내 곁에 있었다는 사실을요. 내 기대만큼 행복하든 그
렇지 않든 불평보다 감사로 하루를 보냅니다. 모든 날이 소중
합니다. 놓치고 싶지 않습니다. 오늘도 내 자리에 앉아 새로운
하루를 만끽합니다. '행복' 으로 채워갈 것임을 자신합니다. 꿈
꾸던 삶을 살고 있습니다.

원효정

새벽 3시, '엄마' 소리 없는 고요함이 그 순간만큼은 참 좋았습
니다. 동그란 조명 아래 따뜻하게 내린 커피 한 잔을 마시는 것
만으로도 그저 행복했습니다. 새벽은 저에게 평범한 사치를 허
락해 주었습니다. 더불어 잊었던 꿈을 찾아 주었습니다. 내가
가치 있는 순간을 만났습니다. 가슴 뛰는 삶도 살고 있습니다.
거창한 꿈이나 목표가 없어도 그만이었습니다. 오롯이 나만을
위한 시간은 내 인생을 반짝반짝 빛이 나게 해주었습니다. 새
벽 덕분에 한 뼘 성장할 수 있었습니다. 오늘도 새벽 3시에 일
어납니다.

유현주

행복하게 살고 싶었습니다. 잘 살고 싶었습니다. '진짜?' 라는 의구심으로 시작했던 '새벽 기상' 은 자신감과 용기라는 큰 선물을 주었습니다. 실패하더라도 많은 도전을 하였습니다. 글쓰기도 도전이었고요. 글을 쓰면서 힘들었던 지난날을 마주하며 많이 울었고, 지금 잘살고 있어서 머리를 쓰다듬어 주었습니다. 내가 생각하고 말하고 행동하는 대로 내 인생이 만들어진다고 하였습니다. 할 수 있다는 믿음으로 함께 글을 썼습니다. 의심 없이 시작했던 글쓰기는 나에게 또 하나의 선물을 주었습니다. 함께해서 기쁘고 행복합니다.

정혜정

아무리 내달려도 엄마로, 직장인으로 한 발씩 늦는 지각생이었습니다. 정신없이 종일 뛰어다녀도 늘 제자리였습니다. 지각생 인생이 싫어서 하루의 첫 시작. 새벽 시간을 저에게 주었습니다. 그 작은 시작이 지금 이렇게 책을 쓰는 작가로, 생각지도 못한 변화들을 만들어 내고 있습니다. '새벽 기상' 을 통해서 제자리 인생에서 매일 한 발짝씩 성장하는 삶으로 변화했습니다.

황선영

깨끗하게 정돈된 거실, 따스하게 들어오는 햇살, 그리고 모닝 커피 한 잔. 그렇게 하루를 시작하는 주부의 삶을 생각했습니다. 현실은 아이와 남편, 셋이서 허겁지겁 집을 나섭니다. 새벽을 만나기 전까지는 그랬습니다. 새벽을 깨우고, 책을 읽고, 글을 쓰고 출근하는 엄마의 삶이 좋아졌습니다. 햇살대신 동이 트는 새벽, 고요함에 커피 향기를 더합니다. 거실은 나만의 성소가 됩니다. 그 성소에서 내 삶의 변화가 시작되었지요. 덕분에 작가가 된 나를 만났습니다. 자신을 더 깊이 만나고 성장해 가는 시간, 함께하는 새벽이 참 좋습니다.

새벽을 깨우는 여자들

초판인쇄	2022년 02월 04일
초판발행	2022년 02월 10일
재판발행	2024년 04월 30일
지은이	원효정 외7명
발행인	조현수
펴낸곳	도서출판 더로드
마케팅	최관호
IT 마케팅	조용재
교정교열	강상희
디자인 디렉터	오종국 Design CREO
ADD	경기도 고양시 일산동구 백석2동 1301-2
	넥스빌오피스텔 704호
전화	031-925-5366~7
팩스	031-925-5368
이메일	provence70@naver.com
등록번호	제2015-000135호
등록	2015년 06월 18일

정가 15,000원
ISBN 979-11-6338-228-7 03810